Repaso

Repaso

Lectura · Gramática · Conversación

By DONALD DEVENISH WALSH

New York · W · W · NORTON & COMPANY · INC

TO

EDITH HELMAN

Preface

Repaso is an outgrowth of the author's *Introductory Spanish*. Several teachers who used *Introductory Spanish* in the two prepublication experimental editions and who liked its approach, its grammatical treatment, and its studies of word-distinctions urged that a review grammar be written that would repeat the essence of this basic material, holding strictly to fundamentals, stressing the grammar, verb drill, idioms, word-distinctions, and conversational phrases that are needed for a practical command of Spanish. As in the case of *Introductory Spanish*, *Repaso* was first issued in an experimental lithoprinted edition, and over a period of two years it has been put to the test of student use in college and school classes.

Repaso is designed primarily to be used with students who are not yet ready to undertake an advanced composition text. The treatment is concise. The material is presented in fifteen lessons, three review lessons, and a long general review lesson. The typical lesson plan consists of a Spanish text, grammar review, study of words and phrases, verb review, and exercises. The Spanish text of the fifteen lessons forms a connected story, during the course of which some contrasts are made between life and customs in North America and in South America, especially in Venezuela.

In addition to the facilities for review provided by the Review Lessons, there is a "vertical" review inherent in the development of the text, similar to that employed in *Introductory Spanish*, through which the student reviews earlier lessons at intervals of five lessons, beginning with Lesson 6. By means of this double review, vertical and horizontal, it is hoped that at the end of the course the student will have a firm grasp of basic second-year material.

The author is deeply grateful to the hundreds of students who used the experimental edition of *Repaso* and whose criticisms and queries have resulted in clarification of several statements in the text; to his colleagues at Choate, Mr. E. B. Berry, Mr. J. W. Hickey, and Mr. Dan Machon, for their constant interest and helpful suggestions; to Mr. M. B. Davis of St. Paul's School, for his thorough evaluation of the teaching effectiveness of the lithoprinted edition; to Professor E. H. Hespelt of New York University, for a searching, constructive, and detailed criticism of the experimental edition; and finally to Professor Edith Helman of Simmons College, whose broad and profound knowledge, exact scholarship, and shrewd advice have been a constant strength during the entire course of the writing and revision of the book.

D.D.W.

Contents

Lesson One

UNA CARTA DE VENEZUELA

Caracas, 15 de septiembre de 1947

QUERIDO PEPE MÍO:

Ya estarás empezando los estudios otra vez, tú tan lejos ahí en los Estados Unidos y yo aquí en la Universidad Central. Nos separan muchas millas y más kilómetros, pero estoy pensando en ti y preguntándome qué tal siguen todos ahí.

Aquí, por el momento, todo va bien. Como ya sabes, vivo en casa, 5 ya que no hay por aquí los dormitorios de las universidades yanquis. El curso me parece bastante fácil y espero tener un éxito tremendo y hacerme el primer abogado venezolano. Qué optimista ¿verdad? Pero hablando en serio, he sacado mucho provecho de los estudios que hice ahí y siento mucho no estar todavía contigo y con los otros 10 compañeros del año pasado. Nos divertíamos mucho ¿no? Aquí, la vida de la universidad es cosa bastante seria. Las diversiones no tienen nada que ver con la universidad. Se va allí para asistir a las conferencias, nada más. En casa preparamos las clases y en casa nos divertimos. Es una vida igualmente agradable, pero distinta de la 15 norteamericana, aunque ya me dijiste que en algunas de las grandes ciudades de ahí hay universidades donde la vida se parece mucho a la nuestra.

¿Y cómo es el equipo de fútbol este otoño? Va a ganarse el campeonato como de costumbre, me dirás. Espero que sí, hombre. Tú tendrás 20 que ir mandándome noticias de las victorias del capitán Lynch y de sus compañeros. ¿Y cómo está Lynch? ¿Tan amigo de las chicas como siempre?

13

Hablando de chicas vengo por fin al verdadero propósito de esta
25 carta, que ya es muy larga. Hay una prima mía, Mercedes—¿te acuerdas de la joven que vino a visitarme el año pasado?—pues tiene una
amiga que va a estudiar ahí en tu universidad, y ya habrá llegado
antes de esta carta. Se llama Concha López Moreno, y va a estudiar
química. Sí, figúrate ¡química! ¡Estas mujeres científicas! Pero a pesar
30 de eso Concha es una chica muy bonita y muy simpática, y estoy seguro que te va a gustar. Mercedes le ha escrito a Concha diciéndole
que tú irás a visitarla. No sé dónde vive pero supongo que en Adams
Hall. Favor de ir a presentarte. Le hará mucho bien tener un amigo
que habla español y que ya sabe tanto de Sud América. Te agradeceré
35 siempre lo mucho que me has enseñado de mi propia literatura, y
en cuanto al español, eres de los que lo hablan mejor que Cervantes.

Muchos recuerdos a todos, y escríbeme pronto.

> Tu amigo invariable
> CARLOS MARTÍNEZ

1. The Present Indicative Tense

The present tense, in English and Spanish, refers to present time and,
especially in conversation, to actions in the near future. This ex-
tension of the present tense is more frequent in Spanish than in English.

—¿Habla Vd. francés?—No lo hablo, pero sé leerlo.	"Do you speak French?" "I don't speak it, but I can read it."
Vuelvo el martes.	I'm coming back on Tuesday.
Si la veo, la traigo.	If I see her, I'll bring her.

2. The Preterite and the Imperfect Indicative Tenses

A. The preterite is a tense of action. It is used for single actions of
brief duration, actions of definite duration, however long, and actions
repeated a definite number of times or within definite limits of time.

Esperé, pero no vino.	I waited, but he didn't come.
Vivió ochenta años.	He lived eighty years.
Fuí cada día por un mes.	I went every day for a month.

B. The imperfect is used for description in past time. It also describes an action that was going on when another, interrupting action occurred. The interrupting action is in the preterite.

La casa era blanca y tenía un jardín delante.	The house was white, and it had a garden in front.
Eran las tres cuando salí.	It was three when I went out.
Estaban comiendo cuando vine.	They were eating when I came.

C. The imperfect is also used for habitual actions, or actions indefinitely repeated. English often uses *would* or *used to* for this type of action.

Hace años vivíamos allí.	Years ago we used to live there.
Ibamos juntos al colegio.	We went to school together.
Muchas veces jugaba al béisbol.	He would often play baseball.

D. When verbs do not express actions, but conditions or states of mind (to know, have, be able, wish, etc.), the imperfect is the normal past tense. Note that the preterites of such verbs express ACTIONS associated with the conditions or states of mind.

Sabía que era francesa.	I knew that she was French.
Supe que era francesa.	I found out (learned) that she was French.
No podía comprarlo.	I couldn't (wasn't able to, didn't have permission to) buy it.
No pude comprarlo.	I couldn't (tried and failed to) buy it.
Pudo comprarlo.	He managed to buy it, succeeded in buying it.
Quería cerrar la puerta.	I wanted to close the door.
Quise cerrar la puerta.	I started to (tried to) close the door.
No quiso dármelo.	He wouldn't (refused to) give it to me.

3. The Progressive Tenses

A. Spanish forms progressive tenses from the tenses of **estar** (mainly the present and imperfect) with the present participle, which never varies. They are less frequent and more emphatic than in English; they stress the fact that an action is or was going on at a certain moment. Note that there are NO progressive tenses for **ir** and **venir**.

Está trabajando ahora.	He is working now.
¿Me estás escuchando?	Are you listening to me?
Estábamos hablando de Vd.	We were talking about you.
Voy (Iba) a casa.	I am going (was going) home.
Vienen (Venían) a verme.	They are (were) coming to see me.

B. Other verbs than **estar** may be used with the present participle for special effect. **Ir** stresses gradual action toward a goal; **seguir** stresses continuing action.

Voy aprendiendo español.	I'm gradually learning Spanish.
Iban pagando la casa.	Little by little they were paying for the house.
Siguieron hablando.	They went on (kept) talking (continued to talk).

WORDS AND PHRASES

4. A casa and en casa

After **a, en, de,** Spanish omits the definite article before **casa** to express the idea of *home* as distinguished from *house*. Spanish has no contraction corresponding to *Mary's,* for *Mary's house.*

Estoy en casa. Voy a casa.	I am at home. I am going home.
Vienen de casa del tío Paco.	They are coming from Uncle Frank's.
Están en casa de Isabel.	They're at Elizabeth's.

5. Phrases of Courtesy

Please has varying translations for formal address (1), less formal address (2), and intimate address (3). **Sírvase (Sírvanse)** is used not to ask a favor, but to ask someone to do something to his own advantage (4). *Please* alone, in answer to a question, is **hágame el favor** or **por favor** (5). Distinguish between thanks in declining an offer and thanks in accepting one (6). The polite reply to thanks is **de nada** or **no hay de qué** (7).

1. Haga (Hágame) Vd. el favor de irse.

Please go away. Go away, please.

Tenga Vd. la bondad de entrar.

Please come in. Come in, please.

2. ¿Me hace el favor de mirarlo?

Will you please look at it?

3. Favor de esperarme.

Please wait for me.

¿Quieres ponerlo aquí?

Will you put it here, please?

4. Sírvase sentarse.

Please sit down.

5. Hágame el favor. Por favor.

Please.

6. —¿Lo quieres?—Gracias.

"Do you want it?" "No, thanks."

Muchas gracias.

Many thanks. Thank you (very much).

7. De nada. No hay de qué.

Don't mention it. You're welcome.

6. ¿No es verdad?

English and Spanish frequently make a statement and follow it with a short question. This question is expressed in Spanish by **¿no es verdad?** or by one of its shortened forms: **¿verdad?** or **¿no?** (1). If the statement is followed by a question with a different subject, Spanish uses **¿y él?**, **¿y usted?**, **¿y María?**, etc. (2).

1. Viene mañana ¿no es verdad?

He's coming tomorrow, isn't he?

No lo compraron ¿verdad?

They didn't buy it, did they?

María estará aquí ¿no?

Mary will be here, won't she?

2. Fuimos al cine; ¿y usted?

We went to the movies. Did you?

7. Each, every, all, whole

A. Cada is an invariable adjective, meaning *each* or *every*, when the stress is on the individual. The pronoun *each* is **cada uno, cada una**.

Cada cuarto tiene dos ventanas.

Each (Every) room has two windows.

Cada uno tiene un lápiz.

Each (one) has a pencil.

cada dos horas

every other hour

cada tres horas

every three hours

B. The adjective **todo** means *all, whole,* and *every,* used collectively
(1). *Everyone* or *all,* referring to persons, is **todos** with a plural verb
or **todo el mundo** with a SINGULAR VERB (2). *Everything* or *all,* referring
to things, is **todo** or **todos,** accompanied by the pronoun **lo** or **los**
when used as object of a verb (3). **Todo** or **todos,** introducing a subordinate clause, must be followed by **lo que** or **los que** (4).

1. Leí todos los libros.

   todo el día
2. Todos salieron. Todo el
   mundo salió.
3. Lo saben todo.
4. Me dió todo lo que quería.

   Hablé a todos los que entraron.

I read every book (all of the
   books).
the whole day, all (of the) day
Everyone (Everybody, All of
   them) went out.
They know it all (everything).
He gave me all (everything) I
   wanted.
I spoke to all (everyone) who
   came in.

8. Then and Well

A. Distinguish between *then,* meaning *at that time* (1), meaning *next*
or *afterwards* (2), and used for emphasis, with no time sense (3).

1. Yo estaba entonces en Lima.

2. Primero vino Ana, y luego
   Guillermo.
3. Dime, pues, lo que quieres.
   Pues ¿dónde estaban?

   Pues bien, se lo digo.

I was then (at that time) in
   Lima.
First came Ann, and then Wil-
   liam.
Tell me, then, what you want.
Where were they, then? But
   (Well), where were they?
Well, then, I'll tell you.

B. **Bien** expresses manner or health. **Bueno,** which means primarily
good or *in good health,* may be used, like **pues,** to introduce a statement or question.

Escribe muy bien.
Estoy bien (bueno).
Bueno ¿qué quieres hacer?
Bueno. Lo compro.

He writes very well.
I am well.
Well, what do you want to do?
O.K. (All right.) I'll buy it.

VERB REVIEW

9. dar (to give) *

PRES. IND.	doy, das, da, damos, dais, dan
PRES. SUBJ.	dé, des, dé, demos, deis, den
PRETERITE	di, diste, dió, dimos, disteis, dieron

10. decir (to say, tell)

PRES. PART.	diciendo PAST PART. dicho
PRES. IND.	digo, dices, dice, decimos, decís, dicen
PRES. SUBJ.	diga, digas, diga, digamos, digáis, digan
PRETERITE	dije, dijiste, dijo, dijimos, dijisteis, dijeron
FUTURE	diré, dirás, dirá, diremos, diréis, dirán
CONDITIONAL	diría, dirías, diría, diríamos, diríais, dirían
COMMAND	di

11. ir (to go)

PRES. PART.	yendo
PRES. IND.	voy, vas, va, vamos, vais, van
PRES. SUBJ.	vaya, vayas, vaya, vayamos, vayáis, vayan
IMPERF. IND.	iba, ibas, iba, íbamos, ibais, iban
PRETERITE	fuí, fuiste, fué, fuimos, fuisteis, fueron
COMMAND	ve

Review also the formation of the present indicative, the imperfect indicative, and the preterite of regular verbs (Appendix, Section 121) and irregular verbs (Section 123 A-C).

---

* In these and in succeeding irregular verbs, only the irregular tenses and forms are given. The other tenses and forms are either regular (Appendix, Section 121) or they are derived from other irregular forms by definite rules (Appendix, Section 123).

EXERCISES

Before attempting any written work, be sure to review carefully the rules of spelling, syllabication, stress, and accentuation in Section 120 of the Appendix.

A. 1. ¿De dónde es la carta? 2. ¿En qué mes se escribió? 3. ¿Dónde está estudiando Carlos? 4. ¿Para qué estudia? 5. ¿Qué contraste hay entre las universidades de Venezuela y las de los Estados Unidos? 6. ¿Qué noticias debe mandarle Pepe a Carlos? 7. ¿A quién quiere Carlos que Pepe vaya a visitar? 8. ¿Qué le ha escrito Mercedes a Concha? 9. ¿De qué sabe mucho Pepe? 10. ¿Qué va a estudiar Concha?

B. *Give the following verb forms:* 1. I shall say 2. we were going 3. he tells 4. they go 5. tell! 6. I give 7. they said 8. we speak 9. we spoke 10. they will tell 11. he gave 12. they sold 13. going 14. we write 15. I used to see 16. give! 17. I went 18. we sold 19. they brought 20. we say

C. *Replace the infinitives with the correct form of the preterite or imperfect indicative, and explain your choice of tense:* 1. (Ser) las dos cuando ellos (entrar). 2. María (comprar) un lápiz ayer. 3. La niña (estar) ocupada. 4. Yo la (ver) muchas veces en la biblioteca. 5. Nosotros (estudiar) cuando ella (llegar). 6. Juan no (poder) salir porque (estar) enfermo. 7. Yo le (preguntar) dónde tú (vivir), pero no lo (saber). 8. La casa (tener) dos puertas. 9. Ella (hablar) francés cuando (ser) joven. 10. Yo (tener) una carta ayer.

D. 1. Then everyone went home. 2. They used to work here then, didn't they? 3. Please write to me, then. 4. We went on studying. 5. We would always see her in the library, wouldn't we? 6. I found out that they were all coming. 7. Well, I lived there twenty years. 8. I had a brother who knew Spanish. 9. "Thanks, very much." "You're welcome." 10. I spoke to the boy, but he wouldn't answer me.

E. *Write:* 1. Yesterday I received a letter from a student who used to be at our university. 2. His name is Charles Martínez, and he wrote that he was now studying in Caracas. 3. He was living at home. 4. He went to the university only to attend lectures. 5. We used to have good times last year. 6. I knew how to talk Spanish, and he didn't speak English very well. 7. He came here to study English, however, and he wanted to learn it. 8. He kept·talking English until he spoke it quite well. 9. Every evening, we would study together. 10. Charles was tall and handsome, and he had many girl friends. 11. He couldn't play football because he didn't weigh enough. 12. In his letter, he told me that he wanted to have news of the football team. 13. Captain Lynch was a good friend of Charles. 14. Miss Concha López Moreno, a friend of his cousin Mercedes, was coming to study chemistry at the university. 15. Charles said that she was very pretty, and that she spoke only Spanish.

Lesson Two

PEPE SE PRESENTA

Pepe se llamaba de veras Joseph Baker, y era un estudiante norte-americano de la historia y la literatura hispanoamericanas, pero le llamaban Pepe Panadero todos sus amigos hispanoamericanos, y no le molestaba nada la traducción de su nombre y apellido. Unos días
5 después de recibir la carta de Carlos, se acordó de que debía ir a presentarse a su amiga, y se fué en seguida a Adams Hall, donde encontró a unos jóvenes que ya esperaban en el salón la llegada de sus amigas. Pepe preguntó por la Srta. López Moreno, y le dijo la telefonista que ella bajaría al cabo de un rato. Al ver entrar en el salón
10 a una muchacha muy linda, Pepe miró a la telefonista, que le hizo señas con la cabeza para decirle que ésta era la joven que buscaba.

—¿La Srta. López Moreno?

—Sí, señor. Así me llamo. ¿Y usted?—contestó ella.

—Soy Joseph Baker. Un amigo mío, Carlos Martínez, me escribió
15 diciéndome que Vd. venía o que ya había venido . . .

—¡Pues Vd. debe ser Pepe Panadero! Tanto gusto, señor, y de veras es un gusto oír a un yanqui que habla tan bien el español. Por eso me extrañó tanto oírle hablar.

—Es favor que me hace, señorita. Me extrañó igualmente verla a Vd.,
20 porque venía a presentarme a una estudiante de química que resulta ser una señorita muy linda y muy simpática.

—Muchas gracias por el piropo. Ya veo que es Vd. un perfecto caballero español. Pero ¿por qué no puede ser linda y simpática una estudiante de ciencias?

25 —Pues claro que pueden ser lindas, pero todas las que he conocido hasta ahora son viejas y bastante feas, y a pesar de la carta de Carlitos,

yo temía . . . —dijo el pobre Pepe, yendo de mal en peor.—Pero me alegro mucho de haberme equivocado y de ver que la belleza y la bestia—digo, la ciencia, pueden juntarse en una sola persona.

—Así, así, y vivan los piropos—dijo Concha con acento de broma.   30

—Dispénseme, señorita, pero ¿qué son piropos?

—¿Vd. no sabe eso? Pues el piropo es algo muy español. Son las palabras de alabanza que dice un caballero a una señorita conocida o desconocida. A veces son molestas, pero en general las señoritas están muy contentas de oírlas. Le voy a contar una historia verdadera de 35 un piropo colombiano: Una señorita muy linda se acercó a un agente de tránsito en Bogotá, quejándose de que un hombre la estaba siguiendo. El agente miró con admiración a la señorita, y le dijo con una sonrisa:—Señorita, si yo no tuviera que quedarme en esta esquina ¡yo la seguiría también!   40

12. Gender of Nouns

MASCULINE nouns are (1) nouns that refer to male persons; (2) the names of the months, days of the week, languages, rivers, oceans, mountains; (3) nouns that end in -o, except la mano and a few shortened words: la foto (fotografía), la radio (radiodifusión), la moto (motocicleta); (4) nouns of Greek origin that end in -ma: el clima, el drama, el programa, el telegrama, el tema, etc.; (5) a few other words that end in -a: el día, el mapa, el tranvía, etc.

FEMININE are (1) nouns that refer to female persons; (2) most nouns that end in -a; (3) most nouns that end in -ión, -dad, -tad, -tud, unstressed -ie, and -umbre: la nación, la ciudad, la libertad, la juventud, la serie, la lumbre.

13. Plural of Nouns

A. Nouns that end in a vowel form their plurals by adding -s to the singular: la mano, las manos. Nouns that end in a consonant or -y add -es to the singular: la ciudad, las ciudades, la ley, las leyes. Nouns that end in -z have -ces in the plural: el lápiz, los lápices.

B. Exceptions to the above rules are nouns that end in unstressed -es, -is, and family names that are foreign or that end in -ez, which do not change in the plural: **la crisis, las crisis; el martes, los martes; los Smith; los Pérez.**

C. Note that, following the rules of stress (Appendix, Section 120), a written accent may need to be added or removed when a noun that ends in **-n** or **-s** is made plural: **el crimen, los crímenes, la lección, las lecciones.**

D. The masculine plural of nouns that refer to rank or relationship frequently refers to both sexes: **los reyes** (the king and queen), **los padres** (the parents), **los hijos** (the children), **los tíos** (the aunt and uncle), **los señores García** (Mr. and Mrs. García).

14. Ser and estar

A. **Ser** is the primary verb *to be*. It establishes the identity of the subject with a predicate noun or pronoun (1). It is used in impersonal expressions (2), to indicate possession (3), material or origin (4), hour of day (5). It is used with predicate adjectives that describe the basic or normal conception of the noun (6). **Ser,** then, is used primarily to ask or tell WHO or WHAT or WHAT KIND a person or thing is.

1. —¿Quién es?—Es mi tía.   "Who is she?" "She's my aunt."
2. Es preciso hacerlo, pero será casi imposible.   It's necessary to do it, but it will be almost impossible.
3. Los otros son míos.   The other ones are mine.
4. Las cucharas son de plata. Eran de México.   The spoons are (of) silver. They were from Mexico.
5. Son las tres y media.   It's half-past three.
6. —¿Cómo es Ana?—Es alta, morena y muy simpática. La lección es larga y muy difícil.   "What's Ann like?" "She's tall, dark, and very attractive." The lesson is long and very hard.

B. **Estar** is the verb of location (7). It is used with adjectives that tell HOW a person feels, or HOW a person or thing is or looks as the result of some previous action, or some change from the normal conception of the subject (8). It is used to form progressive tenses (Section 3 A).

7. Lima está en el Perú.   Lima is in Peru.
¿Dónde están tus padres?   Where are your parents?
8. ¿Cómo está su tía de Vd.?   How is your aunt?
Siempre está triste.   She is always sad.
La puerta estaba abierta.   The door was open.
Este hombre está muerto.   This man is dead.
La taza está llena de café.   The cup is full of coffee.
La ventana está rota.   The window is broken.
Estaba escrita en español.   It was written in Spanish.
María está linda esta noche.   Mary is (looks) lovely tonight.

C. Many adjectives are used with **ser** and **estar,** with changes in meaning or in point of view.

El niño es bueno (malo).   The child is good (bad).
Juan está bueno (malo).   John is well (ill).
María es muy cansada.   Mary is very tiresome.
María está muy cansada.   Mary is very tired.
Los niños son listos.   The children are quick, clever.
Los niños están listos.   The children are ready.
Es muy joven.   She is very young.
Está muy joven.   She looks very young (for her age).

15. The Definite and Indefinite Articles

A. There are five forms of the definite article: **el** and **los, la** and **las,** and the neuter **lo.** The contractions **al** and **del** are made from the prepositions **a** and **de** with the masculine singular **el.**

B. The indefinite article **uno, una** is identical with the numeral *one.* In either meaning, **uno** shortens to **un** before a masculine noun. Its plural, **unos, unas,** is used less often than *some* and is more emphatic.

un libro; veinte y un libros   a (one) book; twenty-one books
Tengo unos fósforos.   I have some matches.

C. When the definite article immediately precedes a feminine singular noun that begins with stressed -a or -ha (agua, ala, alma, hambre, but not acción), Spanish uses the MASCULINE form of the article. A similar use of **un** for **una** is also frequent. Note that the words remain feminine in every other respect.

el agua fría; mucha agua; las aguas del mar	the cold water; a lot of water; the waters of the sea
un ala rota; un alma pura	a broken wing; a pure soul

D. The neuter article **lo,** used with adjectives and adverbs, gives them the force of an abstract noun or of English phrases with *part, thing, of it. How,* in indirect exclamations, is expressed by **lo . . . que, or qué.**

Lo bueno y lo malo.	Good and evil.
Es lo primero que hice.	It's the first thing I did.
Lo peor es que viene hoy.	The worst part (The worst of it) is that he's coming today.
No sabes lo cansada que está (qué cansada está) María.	You don't know how tired Mary is.

E. The definite and indefinite articles, the demonstrative and possessive adjectives, and short prepositions are generally repeated before each noun, unless the nouns refer to the same individual, or are closely associated in meaning.

el hombre y la mujer	the man and woman
esta pluma y este lápiz	this pen and pencil
cartas de María y de Isabel	letters from Mary and Elizabeth
el amor y cariño de todos	the love and affection of all
mi amigo y vecino, el Sr. Pérez	my friend and neighbor, Mr. Perez

WORDS AND PHRASES

16. Donde and adonde

Spanish generally uses **adonde** or **a dónde** for *where,* expressing destination.

Es el pueblo donde vive mi tía y adonde voy.	It's the town where (in which) my aunt lives and where (to which) I'm going.
¿A dónde mandó la carta?	Where did he send the letter?

17. Ya and todavía

The primary meaning of **ya** is *already,* but it may also mean *now, by now, soon,* and at times it is used merely to emphasize the verb. **Ya no** means *no longer, not any more.* **Todavía** means *still* or *yet;* **todavía no** means *not yet.*

Ya los tengo.	I already have them (by now).
Ya vienen los otros.	Now the others are coming.
Ya lo sabremos.	We'll find out soon.
¡Ya lo creo!	I should say so! You bet!
Ya no están aquí.	They are not here any longer (any more).
Todavía no están aquí.	They are not here yet (still not here).

18. Idioms with tener

A. Spanish often uses **tener** with a noun object where English uses *to be* with a predicate adjective. Since **hambre, sed, calor,** etc. are nouns, Spanish uses the adjectives **mucho** and **tanto** to correspond to *very* and *so.*

¿Qué edad tiene Vd.?	How old are you?
Tengo quince años.	I am fifteen (years old).
¿Qué tiene Pablo?	What's the matter with Paul?
Tenían miedo (vergüenza) de hablar.	They were afraid (ashamed) to speak.
Yo tengo razón; Vd. no tiene razón.	I'm right; you are wrong.
Tiene (mucha) hambre, sed, suerte.	He is (very) hungry, thirsty, lucky.
Tenemos (mucha) prisa.	We're in a (great) hurry.
Tengo (tanto) calor, frío, sueño.	I'm (so) hot, cold, sleepy.

B. **Tener,** followed by **que** and an infinitive, expresses necessity. A noun or pronoun may come between the verb and the infinitive, weakening or removing the idea of necessity, but **que** still precedes the infinitive.

Tengo que escribir dos cartas.	I have to write two letters.
Tengo dos cartas que escribir.	I have two letters to write.
Tiene algo que decirme.	He has something to tell me.

VERB REVIEW

19. estar (to be)

PRES. IND.	estoy, estás, está, estamos, estáis, están
PRES. SUBJ.	esté, estés, esté, estemos, estéis, estén
PRETERITE	estuve, estuviste, estuvo, estuvimos, estuvisteis, estuvieron

20. ser (to be)

PRES. IND.	soy, eres, es, somos, sois, son
PRES. SUBJ.	sea, seas, sea, seamos, seáis, sean
IMPERF. IND.	era, eras, era, éramos, erais, eran
PRETERITE	fuí, fuiste, fué, fuimos, fuisteis, fueron
COMMAND	sé

21. tener (to have)

PRES. IND.	tengo, tienes, tiene, tenemos, tenéis, tienen
PRES. SUBJ.	tenga, tengas, tenga, tengamos, tengáis, tengan
PRETERITE	tuve, tuviste, tuvo, tuvimos, tuvisteis, tuvieron
FUTURE	tendré, tendrás, tendrá, tendremos, tendréis, tendrán
CONDITIONAL	tendría, tendrías, tendría, tendríamos, tendríais, tendrían
COMMAND	ten

Compounds of **tener** (**contener**, *contain;* **detener**, *detain;* **mantener**, *maintain;* **retener**, *retain;* **sostener**, *sustain*) are conjugated like **tener**: **contengo, detuve, mantendré,** etc.

EXERCISES

A. 1. ¿Qué estudiaba Pepe? 2. ¿A quiénes encontró Pepe al entrar en Adams Hall? 3. ¿Qué dijo la telefonista? 4. ¿Por qué le extrañó a Pepe su primera vista de Concha? 5. ¿Qué se había creído Pepe de las científicas? 6. ¿Por qué le extrañó a Concha oír hablar a Pepe? 7. ¿Qué es un piropo? 8. ¿De qué se quejaba la señorita de la historia? 9. ¿A quién se quejó? 10. ¿Qué contestó éste?

B. *Change to the imperfect indicative, preterite, present subjunctive, future, and conditional tenses:* 1. tengo 2. somos 3. doy 4. voy 5. es 6. decimos 7. das 8. estoy 9. dicen 10. tiene 11. estás 12. van

C. *Give the gender of:* 1. estación 2. clima 3. foto 4. mapa 5. lunes 6. serie 7. español 8. libertad 9. lumbre 10. día 11. programa 12. virtud 13. tranvía 14. pluma 15. tema *Give the plural of:* 1. pie 2. lápiz 3. martes 4. ley 5. café 6. corral 7. joven 8. luz 9. Sánchez 10. acción

D. *Replace the dash by the proper form of ser or estar and explain your choice:* 1. María — siempre ocupada. 2. Los libros — de México. 3. Mañana — preciso hacerlo. 4. La ventana — cerrada. 5. — las tres cuando salí. 6. El lápiz — de ella. 7. Mi hermano — abogado. 8. Ellos — hablando cuando entré. 9. ¡Qué viejo — Juan hoy! 10. La niña — sentada. 11. La Habana — la capital de Cuba. 12. La mesa — cubierta de libros. 13. La novela — muy interesante. 14. El vestido — de lana. 15. Abrí la carta, y vi que — escrita en español.

E. *Write:* 1. When Charles' letter arrived, I was very busy studying Spanish-American history and literature. 2. My desk was covered with books and papers. 3. Our teachers don't understand how difficult the work is. 4. They tell us that Spanish is a very beautiful language, but it really isn't easy. 5. The worst of it is that we have to read so much. 6. But one afternoon, I remembered the letter and went to Adams Hall to see Miss López Moreno, who was from Venezuela. 7. It was not yet six o'clock when I went in, but the room was already full of young men who were waiting for their girl friends. 8. Miss López wasn't there, but they said she would be down in a moment. 9. I was sure that women scientists were ugly, but the strange thing is that Concha was lovely. 10. She is twenty-one, tall and dark, and I think she is a very attractive young woman. 11. Besides, she is very intelligent and very learned; she has come to the United States to study chemistry. 12. She lives in Caracas, where her father used to be professor of chemistry in the university. 13. She says that the work here has been hard, because she still doesn't know much English. 14. She likes all the sciences, but chemistry is her favorite course. 15. Although our interests are very different, I think we shall be good friends.

Lesson Three

LA PRIMERA RIÑA

—¡Magnífico!—dijo Pepe.—Nunca me olvidaré de lo que es un piropo. Pero yo creo que si esa señorita colombiana hubiera sido venezolana, el agente de tránsito habría abandonado su esquina sin vacilar.

—¡Muy bien dicho, señor Panadero! Creo que no le queda mucho
5 que aprender sobre los piropos. ¿Por qué no nos sentamos?—dijo Concha, volviendo la cabeza.—A ver si hay un puesto libre.

—Bueno ¿por qué no damos un paseo por el pueblo? Podremos entrar en la farmacia a tomar unos helados, si le gustan. ¿Hay helados en Venezuela?

10 —Sí, señor, y gaseosas también, aunque no los tomamos juntos por regla general. Vamos a dar un paseo, pues. No he tenido mucho tiempo para pasearme, con toda la química que tengo que estudiar. El profesor Metcalf es duro, pero explica bien. ¿Usted ha estudiado con él?

15 —Nunca. Estudié química en el colegio, pero nada más que física aquí en la Universidad.

—Es lástima que no le interese la química. A mí me encanta. ¿Qué cursos le gustan más a usted?

—La historia y la literatura. Estoy leyendo actualmente una vida
20 de San Martín: "El Santo de la espada," por Ricardo Rojas. ¿La conoce usted?

—No conozco el libro, pero sé un poco de la vida de San Martín.

—A mí me parece el mayor héroe de toda la América española.

30

—¿Y usted dice eso a una venezolana, compatriota de Simón Bolívar?
Usted, como estudiante de la historia sudamericana, debe saber que 25
Bolívar es el Libertador, nuestro George Washington, y que nadie
puede quitarle su gloria suprema.

—Yo no dudo que Bolívar fué un militar de los mejores, y un orador
magnífico, pero también fué militar San Martín, y un militar sin
igual. ¿Ha olvidado usted que San Martín atravesó los Andes?   30

—Bolívar también.

—Sí, pero los Andes son más altos donde los atravesó San Martín,
y además tuvo que formarse un ejército con muy poco dinero y muy
pocas municiones.

—Bolívar también. A ver ¿cuántos países libertó San Martín?   35

—Tres: la Argentina, Chile y el Perú.

—Pues Bolívar libertó cuatro: Venezuela, Colombia, el Ecuador y
Bolivia, que tomó su nombre. ¿Hay un país que se llame San Martín,
por acaso?

—No, pero todos saben que el ejército de San Martín ayudó mucho 40
en la victoria de Ayacucho, victoria que libertó a Bolivia y que acabó
con las fuerzas españolas en Sud América. Bueno, aquí está nuestra
farmacia. Vamos a dejar para más tarde los méritos de nuestros héroes
¿le parece?

—¡Cómo no! Pero no se ha terminado la discusión. Esta es una tregua, 45
nada más.

22. Special Uses of the Articles

A. In contrast to English, Spanish uses the definite article:

1. Before abstract nouns and nouns used in a general sense. But if
some or *any* is understood, no article is used.

La justicia para todos.	Justice for all.
Me gustan las novelas chilenas.	I like Chilean novels.
Tenga paciencia.	Have patience.
Nunca leo revistas.	I never read magazines.

is used 2. Before names of languages, except immediately after **hablar, en,** and de. The article is sometimes omitted also after **aprender, enseñar, escribir, estudiar, saber.**

El español es muy hermoso.	Spanish is very beautiful.
una lección de inglés	an English lesson
una carta en francés	a letter in French
Hablo portugués.	I speak Portuguese.
Hablo bien el español.	I speak Spanish well.
No sé (el) ruso.	I don't know Russian.

is used 3. Before names preceded by adjectives, words of relationship, or titles, including **señor, señora, señorita.** The article is not used, however, in direct address, or with **don** and **doña.**

La pobre Catalina está enferma.	Poor Catherine is ill.
El tío Enrique me lo mandó.	Uncle Henry sent it to me.
¿Dónde están el profesor Molina y la señora Fernández?	Where are Professor Molina and Mrs. Fernández?
Buenos días, Sr. Fonseca.	Good morning, Mr. Fonseca.
Aquí viene doña Luisa con don Carlos Aguilar.	Here comes Miss Louise with Mr. Charles Aguilar.

4. Before the hours of the day, the days of the week or month, and the seasons.

Vino el lunes a las tres.	He came Monday at three.
La primavera empieza el veinte y uno de marzo.	Spring begins (on) March 21st.

5. Before modified expressions of time. Distinguish between *next* and *last* referring to periods of time after and before the present (1), and *next* and *last* in all other situations (2).

1. la semana próxima	next week
el año que viene	next year
el jueves pasado	last Thursday
2. la semana siguiente	the next (following) week
la próxima vez	the next time
el último jueves de mayo	the last Thursday in May
el último cigarro	the last cigar

6. As part of the names of certain countries: **la Argentina, el Brasil, el Canadá, la China, el Ecuador, los Estados Unidos, la India, el Japón, el Paraguay, el Perú, el Salvador, el Uruguay,** and a few cities: **la Habana.** This article is sometimes omitted, especially with a series of names. The article is used before modified place names, and before words of location which are followed by a proper noun.

Hablan portugués en el Brasil.	They speak Portuguese in Brazil.
la España moderna	modern Spain
Argentina, Brasil y Chile	Argentina, Brazil, and Chile
El teatro Colón está en la calle Mayor, cerca de la plaza Real.	Columbus Theater is on Main St., near Royal Square.

7. Before words of rate or measure. Rate of time is expressed by **al** or **a la** or by **por.**

treinta centavos la docena	thirty cents a dozen
un dólar el par	a dollar a pair
dos veces a la hora (por hora)	twice an hour

8. Before names of meals and a few names of places.

La comida es a las ocho.	Dinner is at eight.
Voy a la iglesia, a la capilla, a la ciudad.	I'm going to church, chapel, town.
Venía de la clase.	He was coming from class.
Estudio en la universidad (en el colegio, en la escuela).	I study in college (at school).

9. To replace possessive adjectives before direct object nouns referring to things closely associated with a person (hands, face, hat, life, etc.). *I open my eyes* is translated as *I open the eyes,* since Spanish takes it for granted that the eyes are mine. But if I open another person's eyes or perform any action that is not automatic (washing hands, cutting a finger, putting on a hat, etc.), an indirect object pronoun, often reflexive, is used to indicate the possessor. Note that the object pronoun is SINGULAR if it is singular for each member of a group.

Abro los ojos.	I open my eyes.
Levantan la mano.	They raise their hands (one each).
Levantan las manos.	They raise their hands (two each).
Le abro los ojos.	I open his eyes.
Les lavé la cara.	I washed their faces.
Me salvaste la vida.	You saved my life.
Se rompió el brazo.	He broke his arm.
Nos pusimos el abrigo.	We put on our overcoats.
Le quité el sombrero a Juan.	I took John's hat off (him).

10. With **tener,** in physical description of people.

Tiene el pelo rubio y los ojos azules.	His hair is blond and his eyes are blue. He has blond hair and blue eyes.

B. The indefinite article is omitted, contrary to English usage:

1. After negative verbs and the preposition **sin.** The article, if used, means *one.*

No tengo lápiz.	I haven't a pencil (have no pencil).
Salió sin sombrero.	He went out without a hat.
No tengo un amigo.	I haven't one friend.

omitted

2. Before unmodified predicate nouns that stress membership in a class (nationality, religion, race, occupation). If the noun is modified, or if it stresses the individual, the article is used.

Es indio (médico, cubano).	He is an Indian (a doctor, a Cuban).
Es un profesor excelente.	He is an excellent teacher.
Es un héroe.	He is a hero.

omit

3. With the following adjectives: **cien (ciento), cierto, medio, mil, otro, qué, semejante, tal.**

año y medio	a year and a half (one and a half years)
cien soldados	a (one) hundred soldiers

Otro amigo me dió mil.	Another friend gave me a thousand.
¡Qué sorpresa!	What a surprise!
Nunca haría tal (semejante) cosa.	I would never do such a thing.

C. Both the definite and indefinite articles are frequently omitted before nouns in apposition, unless there is an expression of personal judgment.

Las lanzas coloradas, novela venezolana.	*The Blood Red Lances,* a Venezuelan novel.
La Habana, capital de Cuba.	Havana, (the) capital of Cuba.
El hermano asno, la mejor novela de Eduardo Barrios.	*Brother Ass,* the best novel of Eduardo Barrios.

WORDS AND PHRASES

23. Inverted Expressions

In the following pairs of expressions, the Spanish subject and object are turned around, as compared with English. The English subject becomes the Spanish indirect object. The English object becomes the Spanish subject, which follows the verb. *I like these books = To me are pleasing these books* = **Me gustan estos libros.**

No me gustan los niños.	I don't like children.
¿Qué (Qué tal) te parecen éstos?	What do you think of (How do you like) these?
Nos extraña verle aquí.	We are surprised to see you here.
Le encantan los gatos.	She is very fond of (crazy about) cats.
Se me olvidó la llave.	I forgot the key.
Me quedan tres.	I have three left.
Me sobra tiempo.	I have more than enough (plenty of) time.
Le faltan dos centavos.	He lacks two cents (is two cents short).
Nos hará falta un guía.	We shall need a guide.

24. To Look

Distinguish between *to look* (*at*) (1), *to look for* or *up* (2), *to look out* of an opening (3), *look out* as an exclamation (4), and *to look* (*like*) (5, 6). **Parecer** is used with adjectives or nouns expressing a type of person (5); **parecerse a,** when one individual resembles another individual (6).

1. ¡Mire Vd.!   Look!
   Estaban mirándolos.   They were looking at them.
2. ¿Busca Vd. éste?   Are you looking for this one?
   Lo buscaré en mi libro.   I'll look it up in my book.
3. Se asomó a la ventana.   She looked out the window.
4. ¡Cuidado!   Look out! Be careful!
5. Parece enfermo.   He looks (seems to be) ill.
   Parece soldado.   He looks like (seems to be) a soldier.

6. Se parece a Isabel.   She looks like Elizabeth.

VERB REVIEW

25. hacer (to do, make)

PAST PART.	hecho
PRES. IND.	hago, haces, hace, hacemos, hacéis, hacen
PRES. SUBJ.	haga, hagas, haga, hagamos, hagáis, hagan
PRETERITE	hice, hiciste, hizo, hicimos, hicisteis, hicieron
FUTURE	haré, harás, hará, haremos, haréis, harán
CONDITIONAL	haría, harías, haría, haríamos, haríais, harían
COMMAND	haz

26. poder (to be able)

PRES. PART.	pudiendo
PRES. IND.	puedo, puedes, puede, podemos, podéis, pueden
PRES. SUBJ.	pueda, puedas, pueda, podamos, podáis, puedan
PRETERITE	pude, pudiste, pudo, pudimos, pudisteis, pudieron
FUTURE	podré, podrás, podrá, podremos, podréis, podrán
CONDITIONAL	podría, podrías, podría, podríamos, podríais, podrían

27. poner (to put)

PAST PART.	puesto
PRES. IND.	**pongo,** pones, pone, ponemos, ponéis, ponen
PRES. SUBJ.	**ponga, pongas, ponga, pongamos, pongáis, pongan**
PRETERITE	**puse, pusiste, puso, pusimos, pusisteis, pusieron**
FUTURE	**pondré,** pondrás, pondrá, pondremos, pondréis, pondrán
CONDITIONAL	**pondría, pondrías, pondría, pondríamos, pondríais, pondrían**
COMMAND	**pon**

Compounds of **poner** (**componer,** *compose, mend;* **deponer,** *depose;* **imponer,** *impose;* **suponer,** *suppose*) are conjugated like **poner: compongo, depuse, impondré, supuesto,** etc.

EXERCISES

A. 1. ¿Para qué van a la farmacia Pepe y Concha? 2. ¿Por qué no ha tenido Concha tiempo para pasearse? 3. ¿Dónde ha estudiado química Pepe? 4. ¿Qué cursos le interesan más a Pepe? 5. ¿Quién le parece a Pepe el mayor héroe de Sud América? 6. ¿Quién es el mayor héroe para Concha? 7. ¿Qué cosas heroicas hicieron San Martín y Bolívar? 8. ¿Qué país adoptó el nombre de Bolívar? 9. ¿A qué países libertó Bolívar? 10. ¿A qué países libertó San Martín?

B. *Give the following verb forms:* 1. I make 2. he did put 3. he could 4. she made 5. I do put 6. we gave 7. being able 8. done 9. they have put 10. I would be able 11. we shall do 12. he will have 13. I can 14. we used to be 15. they would make 16. I give 17. we shall be able 18. we shall put 19. we have told 20. they went

C. *Replace the dash by the definite or indefinite article, if needed:* 1. Mi padre es — médico. 2. Aquí viene — don Carlos. 3. ¡Qué — día más lindo! 4. Tiene — ojos azules. 5. Los vi — año pasado. 6. — comida es a las ocho. 7. Vive en — México. 8. Tengo — media hora. 9. Sé que — jóvenes son felices. 10. No tiene — padre.

11. — español es difícil. 12. Sale para — Perú. 13. Voy a — iglesia. 14. Me quedan — cien dólares. 15. Salió sin — sombrero.

D. 1. They washed their hands and faces. 2. I'll look it up. 3. I'm two dollars short. 4. twenty cents a dozen 5. He looks like a Spaniard. 6. Look out! 7. He put on his hat. 8. a day and a half 9. I'm so cold! 10. Poor John raised his hand. 11. We don't like cold water. 12. What are you looking for? 13. She's crazy about children. 14. His hair is blond. 15. She looks like my daughter.

E. *Write:* 1. "Let's take a walk through the town," said Joe to Concha. 2. "All right," she answered. "I have been so busy that I have not had time to see it. 3. I'm surprised at all the work we have to do. 4. At times I'm so sleepy that I can scarcely open my eyes when Professor Metcalf speaks to me. What are your courses like?" 5. "Well," said Joe, "they aren't too hard, but we have a great deal of reading to do. 6. I have to read fifty pages of Spanish a day in one course, and in school we used to read only ten pages a day. 7. On Monday, Wednesday, and Friday, I am very lucky because I have only one class. 8. When I feel like sleeping until nine, I don't have to get up. 9. By the way, I am reading a book that would interest you very much. 10. It is a life of San Martín, South America's greatest hero." 11. "I'm surprised to hear you say that, because you ought to know that the greatest hero is Bolívar." 12. "I already know a little about Bolívar, and I should be very glad to know more. 13. But here we are in Washington Square. 14. There is a drugstore on Central Street where they serve excellent ice cream." 15. "Wonderful! I'm very fond of ice cream."

[handwritten: tan with adj / tantos " noun]

Lesson Four

EN LA FARMACIA

—Cada vez que veo una farmacia norteamericana—dijo Concha, mientras los dos jóvenes estaban sentados a una mesa de la farmacia Central—me extraña la mar de cosas que se venden en ella. Tenemos en español un proverbio: Haber de todo, como en botica. Quiere decir que en una farmacia se venden muchas cosas. Nosotros tenemos 5 el proverbio, pero ustedes los yanquis tienen las farmacias donde hay de todo. En nuestras farmacias se venden medicinas y nada más, pero aquí se venden refrescos, comidas, papel de escribir, libros, tarjetas postales, plumafuentes y lápices, muñecas, cigarrillos, fósforos, dulces, afeites y hasta medicinas. La farmacia yanqui será como el café es- 10 pañol o hispanoamericano, centro de la vida, donde todo el mundo se reúne hacia las cuatro o las cinco de la tarde.

—Así es, pero en vez de tomar café, tomamos refrescos, aunque hay café para los que lo prefieren. Se ha dicho que la farmacia yanqui es la cosa más yanqui de los Estados Unidos. 15

En este momento se acercó a la mesa de Concha y Pepe un joven alto y rubio, ancho de espaldas, que daba una impresión de fuerza tremenda, impresión que contrastó mucho con el pelo negro y el cuerpo delgado de Pepe. El gigante rubio se paró al llegar a la mesa y se quedó mirando con cara sonriente a Concha y a Pepe. Este se levantó 20 y dijo:—Srta. Concha López Moreno, quiero presentarle a mi amigo, Miguel Lynch.—Luego, con acento un poco burlón, añadió:—La Srta. López Moreno acaba de llegar de Venezuela y no habla muy bien el inglés, y por eso será mejor hablarle en español.

—Es verdad, Sr. Baker, que yo no hablo bien el inglés, pero lo en- 25 tiendo bastante bien—dijo Concha, sonriendo al Sr. Lynch.

39

—Pero el Sr. Lynch sabe español y debe practicarlo—contestó Pepe.
—Le hará mucho bien hablar con nosotros en español. ¿Verdad,
Miguel?

30 —Sí, señor, y sí, señora, o señorita—dijo Miguel, sonriendo y sentán-
dose al lado de Concha.—¿Su nombre otra vez?

—Concha López Moreno.

—Y Concha ¿qué es en inglés?

—Bueno, eso sería difícil de traducir—dijo Concha, mientras Pepe
35 escuchaba con aire superior.—Concha viene de Concepción, que
viene de María de la Concepción Inmaculada. Este nombre, con otros
muchos, es parte de la letanía de la Virgen Santísima. Hay también
María del Consuelo, María del Rosario, María de las Mercedes, María
de los Dolores, y de éstos vienen los nombres de Consuelo, Rosario,
40 Mercedes, y Dolores. Hay otros también. ¿Me entiende usted?

—No mucho—contestó Miguel—pero me gusta escuchar cuando
usted habla. Usted tiene la boca muy pequeña y muy hermosa.

—Bueno, Sr. Lynch, puede que Vd. no sepa mucho español, pero ya
sabe echar piropos como el Sr. Panadero—dijo Concha, riéndose,
45 mientras el pobre Pepe estaba allí maldiciendo la suerte negra que le
había hecho proponer a Miguel que estudiara español el año anterior.

28. Special Uses of the Future and Conditional Tenses

A. In addition to their normal tense uses, the future, conditional,
and future perfect tenses in Spanish are frequently used to express
probability. The future expresses probability in present time (1); for
past time, Spanish uses the conditional (2), or more frequently the
future perfect tense (3). **Deber (de)** is often used for probability, like
English *must* (4). The English verbs *wonder, suppose, guess,* when
used to express probability, are NOT translated into Spanish.

1. ¿Quién será?

I wonder who he is. Who can he
be?

Estarán en casa.

They are probably at home. I
suppose (guess) they are at
home.

2. Dijo que estarían en casa.	He said they were probably at home.
3. ¿Dónde lo habrá dejado?	Where can he have left it? Where do you suppose he (has) left it?
Lo habrán vendido.	They must have sold it. They (have) probably sold it.
4. Deben (de) ser las seis.	It must be six o'clock.

B. *Will* and *would,* expressing willingness or desire, are translated NOT by the future or conditional but by the present and past tenses of **querer** (1). Remember that *would,* meaning *used to,* is translated by the imperfect tense (2). *Should,* expressing obligation, is translated by forms of **deber.** See also Section 71 (3).

1. No quiere entrar.	He won't come in.
No quiso contestarme.	He wouldn't answer me.
¿Quiere Vd. decirme algo?	Will you tell me something?
2. Siempre me hablaba.	He would always speak to me.
3. Vd. no debería decirlo.	You shouldn't (oughtn't to) say it.
No debieron pagarlo.	They shouldn't have paid it.

29. Personal a

The preposition **a** is placed before direct object nouns referring to definite persons (1), stressed personal pronouns (2), demonstrative, interrogative, possessive, negative and indefinite pronouns (3), and place names, unless the name is preceded by the definite article (4).

1. ¿Conoce Vd. al tío de Juan?	Do you know John's uncle?
2. Le vi a Vd. (a él) anoche.	I saw you (him) last night.
3. ¿A quiénes has invitado?	Whom have you invited?
No oigo a nadie.	I don't hear anyone.
4. Visitaron el Perú, y luego a Chile.	They visited Peru, and then Chile.

30. Time of Day

Hora is used in asking the time (1), and in telling time, all the agreements are with **hora** or **horas,** understood, except **cuarto,** which is a noun (2). *A.M., P.M., in the morning,* etc. are translated **de la mañana, de la tarde, de la noche** when the hour is mentioned (3), otherwise by **por la mañana,** etc. (4). For the cardinal numbers, see Appendix, Section 125.

1. ¿Qué hora es?	What time is it?
2. Es la una y cuarto (media).	It's quarter (half) past one.
Son las seis y veinte.	It's twenty minutes past six.
A las ocho menos cuarto.	At a quarter of eight.
Es la una menos diez.	It's ten minutes of one.
Son las dos y pico.	It's (a little) after two.
Eran las ocho en punto.	It was exactly eight, eight sharp.
Al mediodía, a medianoche.	At noon, at midnight.
3. A las seis de la mañana, de la tarde.	At 6 A.M., 6 P.M.
4. Trabajo por la mañana, por la noche.	I work in the morning, at night.

31. Uses of the Infinitive

A. The Spanish infinitive is used as subject of a clause (1), as direct object of a verb (2), and as object of a preposition (3). After **al,** it corresponds to *on, upon* with the present participle (4).

1. Hacer eso sería un crimen.	Doing that (To do that) would be a crime.
(El) nadar es un buen ejercicio.	Swimming is good exercise.
2. Quieren abrirlo.	They want to open it.
3. Insiste en verlo.	He insists on seeing it.
en vez de trabajar	instead of working
4. Al verla, me levanté.	On seeing her, I got up.

B. Some verbs are followed directly by an infinitive, with no preposition (A 2). After verbs of motion, beginning, learning, and teaching, **a** is used before a dependent infinitive (1). Other verbs use **con, de, en** (2). For a list of the commonest of these, see the Appendix, Section 124 A. Except after verbs of motion, *to,* meaning *in order to,* is **para** (3).

1. Voy (Aprendo) a coser.
2. Acabé (Dejé) de comer.
3. Lo compré para estudiarlo.

I'm going (learning) to sew.
I finished (stopped) eating.
I bought it to study it.

C. The preposition **de** is generally used when an infinitive depends on a noun or adjective.

Tengo ganas de hablarle.
Estoy muy contento de verte.

I'm anxious to speak to her.
I'm very glad to see you.

D. **Que** is used after **tener** and **haber** to express necessity (see Sections 18 B and 66). It also connects a noun or pronoun with a following infinitive that has passive meaning.

Tengo (mucho) que estudiar.
No hay nada que hacer.
Déme un libro que leer.

Te buscaré algo que comer.

I have (a lot) to study.
There is nothing to do.
Give me a book to read (a book to be read).
I'll get you something to eat (something to be eaten).

WORDS AND PHRASES

32. About

Distinguish between *about,* meaning approximate time (1), approximate number (2), and *concerning* (3).

1. Vino a eso de las tres.
   Salieron como a las nueve.
   Llegamos hacia el veinte.
2. Tengo unas tres horas.
   Me dió como (cosa de) diez.
3. Hablaron del viaje.
   Una carta sobre España.

He came about three o'clock.
They left at about nine.
We arrived about the twentieth.
I have about three hours.
He gave me about ten.
They talked about (of) the trip.
A letter about Spain.

33. Agreement and Disagreement

To express agreement or disagreement, where English repeats part of the verb phrase, sometimes adding *so* or *neither,* Spanish uses **también, tampoco, sí,** and **no,** without any verb. Compare Section 6.

—Yo voy a casa.—Yo también.

"I'm going home." "So am I."

El no habla inglés, ella tampoco.

He doesn't speak English, and neither does she.

Vd. no los vió, pero Juan sí.

You didn't see them, but John did.

El puede salir, pero Ana no.

He may leave, but Ann may not.

34. Hora, tiempo, vez

Distinguish between *time,* referring to time of day (1), time in general or length or period of time (2), and a moment of time, an occasion, or frequency of occurrence (3).

1. Vino a la hora del almuerzo.

   He came at lunch time.

   Es hora de acostarse.

   It's time to go to bed.

2. ¿Cuánto tiempo estuvo allí?

   How long was he there?

   No tengo tiempo para eso.

   I have no time for that.

   en estos tiempos

   in these times

3. La vimos una vez (dos veces).

   We saw her once (twice).

   Escribió muchas veces.

   He wrote often (many times).

   ¿Cuántas veces vinieron?

   How often (How many times) did they come?

   Telefoneó otra vez.

   He phoned again (another time).

   Nos visita de vez en cuando.

   He visits us from time to time.

   No hablen Vds. todos a la vez.

   Don't all speak at once (at the same time).

VERB REVIEW

35. querer (to wish, want, love)

PRES. IND.	quiero, quieres, quiere, queremos, queréis, quieren
PRES. SUBJ.	quiera, quieras, quiera, queramos, queráis, quieran
PRETERITE	quise, quisiste, quiso, quisimos, quisisteis, quisieron
FUTURE	querré, querrás, querrá, querremos, querréis, querrán
CONDITIONAL	querría, querrías, querría, querríamos, querríais, querrían

36. salir (to go out, leave)

PRES. IND.   salgo, sales, sale, salimos, salís, salen
PRES. SUBJ.   salga, salgas, salga, salgamos, salgáis, salgan
FUTURE   saldré, saldrás, saldrá, saldremos, saldréis, saldrán
CONDITIONAL   saldría, saldrías, saldría, saldríamos, saldríais, saldrían
COMMAND   sal

37. venir (to come)

PRES. PART.   viniendo
PRES. IND.   vengo, vienes, viene, venimos, venís, vienen
PRES. SUBJ.   venga, vengas, venga, vengamos, vengáis, vengan
PRETERITE   vine, viniste, vino, vinimos, vinisteis, vinieron
FUTURE   vendré, vendrás, vendrá, vendremos, vendréis, vendrán
CONDITIONAL   vendría, vendrías, vendría, vendríamos, vendríais, ven-
              drían
COMMAND   ven

Review also the formation of the future and conditional tenses of
regular verbs (Appendix, Section 121) and irregular verbs (Section
123 D).

EXERCISES

A. 1. ¿Qué le extraña a Concha cuando entra en una farmacia norteamericana? 2. ¿Qué significa el proverbio "Haber de todo, como
en botica"? 3. ¿Qué se vende en una farmacia hispanoamericana?
4. ¿Qué se vende en una farmacia norteamericana? 5. En la América española ¿qué corresponde a nuestra farmacia como centro de
reunión social? 6. ¿Quién se acercó mientras estaban hablando
Concha y Pepe? 7. ¿Cómo era Lynch? 8. ¿Por qué debe hablar
Lynch en español? 9. ¿De qué viene el nombre de Concha?
10. ¿Cuándo empezó Lynch a estudiar español?

B. *Change to the corresponding forms of the future and conditional
tenses:* 1. dijo 2. hice 3. vale 4. salgo 5. venimos 6. vendimos
7. tengo 8. dieron 9. ponéis 10. podíamos 11. somos 12. sabes
13. dicen 14. tuvo 15. han 16. quieren 17. pude 18. estuve
19. íbamos 20. hace

C. *Read the following numbers aloud (see Appendix, Section 125):*
(1) 14 (2) 26 (3) 15 (4) 101 (5) 550 (6) 297 (7) 184 (8) 602 (9) 999
(10) 1000 (11) 2000 (12) 1112 (13) 3300 (14) 1500 (15) 2468
(16) 7770 (17) 11,260 (18) 1429 (19) 100,913 (20) 123,456,789

D. I. *Replace the dash with the proper translation of "about":*
1. Habló — su familia. 2. Vino — las tres. 3. una carta — Madrid
4. Tengo — veinte dólares. 5. Llegaremos — el ocho de abril.

II. *Replace the dash with the proper translation of "time" or*
"times": 1. No tienen — para comer. 2. La vi dos — . 3. No has
pasado bastante — en ello. 4. ¿Qué — es? 5. Voy allí de — en — .
6. Es — de comer. 7. Ella tiene más — que yo. 8. la primera —
que me habló 9. A — no puedo dormir. 10. cada — que nos invita

E. 1. He's going, and so am I. 2. I visited Mary. 3. Where do you
suppose he went? 4. Every night we would take a walk. 5. He
doesn't know it, but the others do. 6. I spoke to her, but she
wouldn't answer. 7. I didn't go; neither did Joe. 8. It's a quarter
of ten. 9. Did you give him something to eat? 10. I wonder where
they are. 11. at 8:25 A.M. 12. soon after 11 P.M. 13. I guess he has
lost them. 14. Won't you come in? 15. How long did she stay?

F. *Write:* 1. "American drugstores must be like our cafés," said Concha, as they entered the Central Pharmacy a little after eight.
2. "In Caracas, everybody gathers at the cafés about half-past four
in the afternoon. 3. But we usually have coffee instead of ice-
cream. 4. There is ice-cream, however, for those who wish it.
5. What surprises me always in American drugstores is the great
quantity of things that are sold in them. 6. In our drugstores,
only medicines are sold. 7. Here you can buy food, drinks, post-
cards, stationery, cigars, cigarettes, candy, cosmetics, and a lot of
other things." 8. "I suppose that our drugstores are the most
American thing in the United States," said Joe. 9. "I wonder
where Michael Lynch is. 10. He said he would be here at eight
o'clock sharp." 11. "Who is Mr. Lynch?" asked Concha. 12. "He
is the football captain, a very nice fellow, tall, blond, and broad-
shouldered; he weighs two hundred pounds." 13. "Good Lord,
that's about ninety kilos," said Concha. 14. "He must be enormous!" 15. "Well, here he comes," said Joe. "With your permission, I'm going to introduce him."

Lesson Five

LOS DEPORTES

La próxima vez que Pepe vió a Concha, ella le preguntó:—¿Por qué no me dijo usted que ese señor Lynch era el capitán de fútbol? ¿No sabía usted que me encantan los deportes?

—Pues de veras usted no me preguntó nada sobre Miguel ni sobre los deportes—contestó el pobre Pepe.—Yo creía que lo que le en- 5 cantaba a usted era la química.

—Me gustan mucho los dos, la química y los deportes. Los venezolanos somos muy aficionados a los deportes. Nuestro equipo de béisbol se ganó el campeonato hace dos años.

—Usted me está quitando todas las ilusiones. Yo creía que la corrida 10 de toros era la diversión favorita de los países hispanoamericanos.

—En algunos países, sí. Hay corridas muy buenas en México y en el Perú, y las hay también en Venezuela, en Colombia, y en Panamá, pero a veces resultan bastante mal. No hay nada mejor que una buena corrida, pero para eso hay que tener buenos toros y buenos toreros. 15

—¿Y qué de los otros deportes? Usted habló de un campeonato nacional de béisbol.

—Fué un campeonato internacional, señor. Además del equipo venezolano, había equipos de Cuba, de Colombia, de México, de Nicaragua, de Panamá, de la República Dominicana y de Puerto Rico. Hubo 20 un interés tremendo en el resultado de cada partido y mucha alegría por todo el país cuando ganamos nosotros.

—¿Y hay fútbol allí también?

—Sí, señor, pero no es el fútbol yanqui sino inglés que se juega en Sud América, por regla general. En México me han dicho que hay 25

47

fútbol yanqui, pero en Venezuela, no. Claro que hay también el golf
y el tenis. Tenemos en Caracas un "country club" muy lujoso con
canchas excelentes de golf y de tenis. Usted habrá oído hablar de un
tenista ecuatoriano, Pancho Segura ¿verdad?

30 —Claro que sí. Es uno de los mejores tenistas del mundo y se ha
ganado muchos campeonatos en los Estados Unidos. Lo vi jugar en
Nueva York.

—Pues ya ve usted qué aficionados somos a los deportes. Por eso me
interesa tanto su amigo Lynch.

35 —A usted y a muchas señoritas. Es el gran héroe, sin duda. Pero a
Miguel no le interesa más que el fútbol. A mí me interesan Sud
América y las sudamericanas—dijo Pepe, muy serio.—¿Por qué no
comemos juntos esta noche? Me gustaría saber más de Simón Bolívar.
Iré a buscarla a usted a las siete.

40 —¿Por qué no? Muy bien, pues, y muchas gracias. A las siete.

38. Table of Personal Pronouns

Subject	Direct Object	Indirect Object	Prep.	Refl. Dir. and Ind. Obj.	Reflexive Prep.
yo	me	me	mí	me	mí
tú	te	te	ti	te	ti
él	le, lo	le	él	se	sí
ella	la	le	ella	se	sí
usted	le, lo, la	le	usted	se	sí
(ello)	lo	le	ello	se	sí
nosotros	nos	nos	nosotros	nos	nosotros
vosotros	os	os	vosotros	os	vosotros
ellos	los	les	ellos	se	sí
ellas	las	les	ellas	se	sí
ustedes	los, las	les	ustedes	se	sí

Both **le** and **lo** are given as equivalents for *him* and masculine *you*
as direct objects. **Le** is more widely used, but **lo** is common in South-
ern Spain and in Spanish America. **Nosotros** and **vosotros** have feminine forms: **nosotras, vosotras.** In your reading, you will find occa-
sional variations in the use of all direct and indirect object pronouns
of the third person, but the above forms are the most widely accepted.

39. Subject Pronouns

A. When tense-forms identify the subject by their endings, there is no need to use subject pronouns for clearness. They are used, however, for emphasis or contrast, and they should be used whenever needed to clarify the subject. **Usted** and **ustedes** (derived from titles of courtesy) are the most frequent subject pronouns in the third person, since their use is in itself a sign of politeness. *It* is almost never expressed as subject pronoun in Spanish.

Vivo (Vivimos) en Nueva York.	I live (We live) in New York.
Yo fuí a casa, pero él no.	I went home, but he didn't.
Ella leía mientras yo hablaba.	She would read while I talked.
¿Cómo está Vd.? Le vi a Vd. ayer.	How are you? I saw you yesterday.

B. In contrast to English, **ser** agrees with a predicate pronoun or numeral. When a pronoun is in apposition with a noun, the verb agrees with the pronoun, which may be omitted unless needed for clearness or emphasis.

—¿Quién es?—Soy yo.	"Who is it?" "It is I."
Son ellos quienes vinieron.	It is they who (They are the ones who) came.
Somos tres.	There are three of us.
(Nosotros) los yanquis trabajamos mucho.	We Americans work hard.
Ustedes los estudiantes no saben mucho.	You students don't know a great deal.

40. Direct and Indirect Object Pronouns

A. Of two object pronouns, the indirect precedes the direct (1). If both pronouns are third person, the indirect object (**le, les**) becomes **se** (2). However, the true reflexive pronoun **se**, even as direct object, precedes another object pronoun (3).

1. ¿Quién te lo prestó?	Who lent it to you?
Van a mandármelos.	They are going to send them to me.
2. Se lo di a ella (a Vd.).	I gave it to her (to you).
3. Se me acercó un hombre.	A man approached me.

B. Object pronouns precede tense-forms and negative commands (1). They follow, and are attached to, affirmative commands, infinitives and present participles, and when necessary a written accent is added (2). When an infinitive or present participle is preceded by a tense-form, the pronouns may either precede the tense-form or follow the infinitive or present participle (3). In your reading, you will sometimes find object pronouns attached to tense-forms, especially at the beginning of a clause (4), but this is a literary usage which you should not attempt to imitate.

1. Nos lo trajo anoche.	He brought it to us last night.
No lo compre Vd.	Don't buy it.
2. Siéntese Vd.	Sit down.
Favor de dármelos.	Please give them to me.
Viéndole pasar, le hablé.	Seeing him pass, I spoke to him.
3. Lo estoy mirando. Estoy mirándolo.	I am looking at it.
Se lo voy a mandar. Voy a mandárselo.	I am going to send it to her.
4. Dijéronle muchas cosas.	They told her many things.

C. Spanish sometimes uses an object pronoun even when the object is also expressed by a noun or another pronoun. This redundant pronoun is common when the object noun or pronoun precedes the verb (1), when there is an indirect object referring to a definite person (2), or when there is a direct object pronoun and an indirect object noun (3).

1. El otro lo compré en Cuba.	The other one I bought in Cuba.
2. Le escribí al Sr. Robles.	I wrote to Mr. Robles.
3. Se lo di al profesor.	I gave it to the teacher.

D. The direct object must be expressed with **decir** and **preguntar,** and usually with **saber** (1). The neuter pronoun **lo** is used with **ser** and **estar** to refer to a preceding noun or adjective, although English uses no pronoun here (2). With **tener** and **haber,** an object pronoun, agreeing with the noun referred to, corresponds to *some* or *any* (3). *So,* with verbs of opinion or emotion, is translated by the neuter pronoun **lo** or by the more emphatic phrases **que sí** and **que no** (4).

1. Voy a decírselo.   I'm going to tell him.
   Se lo pregunté, pero no lo   I asked him, but he didn't know.
   sabía.
2. —¿Estás cansada?—Lo estoy.   "Are you tired?" "I am."
   Dicen que es médico, pero no   They say that he's a doctor, but
   lo es.   he isn't.
3. Fuí a buscar naranjas, pero   I went to get oranges, but there
   no las había.   weren't any.
   Me pidió dinero, y ya lo te-   He asked me for money, and he
   nía.   already had some.
4. Lo espero. Espero que sí.   I hope so.
   No lo creo. Creo que no.   I don't think so. I think not.

E. With **pedir, preguntar, quitar, robar** and **comprar,** an indirect
object pronoun shows separation, where English uses *for* or *from* (1).
The indirect object is frequent, especially in conversation, to show
the person concerned or interested in an action (2).

1. ¿Qué le pidió a Vd.?   What did he ask you for?
   Alguien me quitó (me robó)   Somebody took (stole) my um-
   mi paraguas.   brella from me.
   Se lo compré a Juan.   I bought it from John.
2. No me rompes eso.   Don't break that on me.
   Le mataron el perro.   They killed his dog (on him).

WORDS AND PHRASES

41. To Leave

Distinguish between the ideas of leaving someone or something be-
hind (1), leaving a place (2), and having something left over (3).

1. ¿Dónde los dejó?   Where did he leave them?
   Voy a dejarte aquí.   I'm going to leave you here.
2. Sale a las cinco.   He's leaving at five.
   Salimos de la casa.   We left the house.
3. Nos quedan cinco dólares.   We have five dollars left.

42. To Miss

To miss may mean *to lose* (1), *to feel the loss or absence of* (2), *to be absent from an appointment,* or *missing* or *lacking from* (3), *not to understand* (4), or *to fail to aim correctly* (5).

1. No pierda Vd. su tren.	Don't miss your train.
2. Te echo (muy) de menos.	I miss you (very much).
3. No puedo faltar a la clase.	I can't miss (cut) the class.
Faltan dos páginas al mío.	Two pages are missing from mine.
4. No lo has comprendido bien.	You've missed the point.
5. Tiré al blanco y erré.	I fired at the target and missed.

VERB REVIEW

43. Verbs with Stem Changes

A. First and Second Conjugation Verbs

PRESENT INDICATIVE

pensar (to think)	encontrar (to meet)	perder (to lose)	volver (to return)
pienso	encuentro	pierdo	vuelvo
piensas	encuentras	pierdes	vuelves
piensa	encuentra	pierde	vuelve
pensamos	encontramos	perdemos	volvemos
pensáis	encontráis	perdéis	volvéis
piensan	encuentran	pierden	vuelven

PRESENT SUBJUNCTIVE

piense	encuentre	pierda	vuelva
pienses	encuentres	pierdas	vuelvas
piense	encuentre	pierda	vuelva
pensemos	encontremos	perdamos	volvamos
penséis	encontréis	perdáis	volváis
piensen	encuentren	pierdan	vuelvan

Many verbs whose stem vowel is **e** or **o** change this stem vowel from **e** to **ie** and from **o** to **ue** when the syllable containing the vowel is stressed: in the first, second, and third persons singular and the third person plural of the present indicative and present subjunctive. There are eight forms with a stem change in all such verbs. In the first and second conjugations, no further changes are made.

B. Third Conjugation Verbs

PRESENT INDICATIVE

sentir	morir	pedir
(to feel, regret)	(to die)	(to ask)
siento	muero	pido
sientes	mueres	pides
siente	muere	pide
sentimos	morimos	pedimos
sentís	morís	pedís
sienten	mueren	piden

PRESENT SUBJUNCTIVE

sienta	muera	pida
sientas	mueras	pidas
sienta	muera	pida
sintamos	muramos	pidamos
sintáis	muráis	pidáis
sientan	mueran	pidan

Stem-changing verbs of the third conjugation make all the changes made in the first and second conjugations, and in five additional forms change the stem vowel from **e** to **i** and from **o** to **u**: the first and second persons plural of the present subjunctive, the present participle (**sintiendo, muriendo, pidiendo**), and the third persons singular and plural of the preterite:

sentí	morí	pedí
sentiste	moriste	pediste
sintió	**murió**	**pidió**
sentimos	morimos	pedimos
sentisteis	moristeis	pedisteis
sintieron	**murieron**	**pidieron**

Since the imperfect subjunctive is always formed from the third person plural of the preterite, the stem change is made throughout both forms of this tense: **sintiera, sintiese,** etc.; **muriera, muriese,** etc.; **pidiera, pidiese,** etc.

Note the difference between **sentir** and **pedir**. Verbs of the **sentir** type change **e** to **ie** in eight forms, and change **e** to **i** in five additional forms. Verbs of the **pedir** type, however, make only ONE kind of vowel change, from **e** to **i**.

EXERCISES

A. 1. ¿Quién es el capitán de fútbol? 2. ¿Qué le encanta a Concha? 3. ¿Qué ilusión tenía Pepe? 4. ¿Dónde hay las mejores corridas de toros en América? 5. ¿Qué hay que tener para una corrida buena? 6. ¿Qué país ganó el campeonato internacional de béisbol? 7. ¿Qué clase de fútbol se juega en Sud América? 8. ¿Qué deportes hay en Sud América? 9. ¿De qué país es el tenista Pancho Segura? 10. ¿En qué héroe se interesa Pepe?

B. *Give, for each verb, the present participle and the required form of the present indicative, present subjunctive, and preterite:* 1. (yo) encontrar 2. (él) perder 3. (Vds.) pensar 4. (tú) volver 5. (él) dormir 6. (yo) pedir 7. (Vd.) mostrar 8. (ellos) vestirse 9. (nosotros) cerrar 10. (Vd.) sentir

C. *Replace the dash with the proper form of dejar, salir, or quedar, and translate:* 1. Ella — ayer. 2. ¿Cuántos libros — ? 3. No me debes — solo. 4. ¿Dónde — yo mi sombrero? 5. No quiere — de casa. 6. Acaba de — a la calle. 7. Alguien — esto para Vd. 8. Si tú —, no — nadie. 9. ¿A qué hora — ellos para casa? 10. Voy a — los otros aquí.

D. 1. I gave them to him. 2. Bring it to me. 3. He wants to read it to us. 4. I hope so. 5. They are missing one chair. 6. Who took it from you? 7. He won't tell me. 8. I don't think so. 9. I'll ask him. 10. He asked me for some coffee, but I didn't have any. 11. Did you miss me? 12. Don't buy them from him. 13. "Are they busy?" "They are." 14. The others I bought in New York. 15. I was reading while he was talking.

E. *Write:* 1. "Miss López Moreno," said Joe, "may I introduce my friend, Michael Lynch?" 2. "Delighted to meet you," said Concha to the young man. 3. "The pleasure is mine," answered Michael, sitting down beside them. 4. "You're the one who is captain of football, aren't you?" 5. "Yes, I am. Who told you?" 6. "Why, I asked Joe. We Venezuelans are very fond of sports." 7. "Is that so? I didn't know. 8. Tell me, Miss López, what sports are there in Venezuela?" 9. "Well, besides football, there are golf, tennis, and baseball." 10. "And bullfights? I thought they were the favorite amusement in Spanish America." 11. "They are in some countries, especially Peru and Mexico. 12. But in other countries, we prefer English and American sports." 13. "This is very interesting, and I want to know more about Venezuela. 14. Will you have dinner with me tonight?" 15. "Thank you very much, but since there are three of us, why don't we all eat together?"

REVIEW OF LESSONS 1-5

A. 1. ¿Cómo se llama Vd.? 2. ¿De dónde es Vd.? 3. ¿Qué edad tiene Vd.? 4. ¿Qué hora es? 5. ¿A dónde va Vd. cuando tiene hambre? 6. ¿A qué hora principia esta clase? 7. ¿En qué estación del año tenemos frío? 8. ¿Cuántas veces por semana tenemos clase de español? 9. ¿Cuántos somos en esta clase? 10. ¿Cuántas ventanas tiene esta sala? 11. Si Vd. tiene doce dólares y le quitan cinco ¿cuántos le quedan? 12. ¿Cuál es el deporte favorito de los yanquis? 13. ¿Cuál es la capital de Venezuela? 14. ¿Qué es un piropo? 15. ¿Quiénes son los dos héroes de la independencia sudamericana? 16. ¿Qué país lleva el nombre de uno de estos héroes? 17. ¿Qué cosas se venden en una farmacia norteamericana? 18. ¿Qué hacemos cuando tenemos sueño? 19. ¿Qué son refrescos? 20. ¿En qué estación del año se juega al fútbol?

B. *Give the following verb forms:* 1. I spoke 2. he said 3. we were going 4. he lost 5. I shall have 6. they say 7. we gave 8. he would go out 9. we were 10. he made 11. sleeping 12. we shall make 13. he meets 14. we shall put 15. they went 16. they slept 17. we were talking 18. they will want 19. I lose 20. I shall say 21. they would be able 22. they ate 23. I give 24. he felt 25. we come 26. they used to be 27. we went out 28. they have done 29. he asked 30. they came

C. *Translate the English words:* 1. (I would see her) cada vez que iba allí. 2. María es española, y (so am I). 3. (It was six o'clock)

cuando llegaron. 4. ¿(How long) se quedaron? 5. (He went on) hablando hasta la una. 6. La veo (from time to time). 7. Cuando era niño (I spoke Spanish). 8. Voy a comer (at Elizabeth's). 9. Ella (looks like) Ana. 10. Nunca trabajan (in the afternoon). 11. Ella no fué, (but we did). 12. Me dió (about twenty). 13. Se lavaron (their hands and faces). 14. Comieron (about 7:30). 15. Yo no lo haría; (neither would you). 16. ¿(How often) fuiste a verla? 17. (I like) los dulces. 18. Quise salir, pero (I couldn't). 19. Quería comprar una pluma, pero (there weren't any). 20. No salgas (without a coat).

D. 1. We learned that he was still there. 2. I'm surprised to see them here already. 3. Let's look it up. 4. They are all Spanish, aren't they? Yes, they are. 5. Well, I'm gradually learning it. 6. He left me a book to read. 7. It's the first thing that everyone says. 8. Where did he go then? 9. Uncle Joe wants to talk to her. 10. I went to see them on Saturday. 11. Close your eyes. 12. I bought it from her. 13. You're going to miss your train. 14. Mr. González is a doctor, isn't he? 15. Who told you such a story? 16. What's the matter with you? 17. What a dinner! 18. I have something to tell you. 19. Whom did they visit, then? 20. I wonder where they are.

E. *Write:* 1. I saw him every day for two weeks. 2. We all used to go to school together. 3. I went in, but he wouldn't talk to me. 4. We are so hot because all the windows are closed. 5. I can't tell you how tired I am. 6. Spanish houses have courtyards, don't they? 7. He lives on Washington Street, near Columbus Square. 8. Last week, I bought some at thirty cents a dozen. 9. Why do we have to go to school six days a week? 10. Professor Molina slept an hour and a half. 11. I'm afraid to ask him. 12. They're always in a great hurry to leave. 13. Little boys shouldn't say such things. 14. It must be after twelve o'clock, and they have probably gone to bed. 15. It was twenty minutes of eleven when he brought it to us. 16. He asked me for some money, but I didn't have any. 17. They say they are Cubans, but they aren't. 18. What do you think of the hat I bought in Caracas? 19. The best part is that I have six left. 20. He said that someone stole his coat from him, but I don't think so.

Lesson Six

SIMÓN BOLÍVAR

—Quiero que me diga Vd. un poco más sobre la vida de su gran héroe
—dijo Pepe, al entrar él y Concha en el restaurante Lincoln.—Vamos
a sentarnos aquí.

—¿Vd. quiere que volvamos a nuestra riña de hace varios días?—preguntó Concha.   5

—Al contrario. Lo que he leído me convence de la grandeza de Bolívar. No había sabido de sus esfuerzos por formar una unión de las
naciones del nuevo mundo.

—Sí, ése fué el gran ideal y el último fracaso de su vida.

—¿Qué pasó para que terminara tan mal?   10

—En primer lugar, Bolívar tenía ideas muy avanzadas para su tiempo.
Fué él quien convocó el primer congreso panamericano en 1826; el
segundo congreso no se reunió hasta mucho más tarde, en 1889. En
segundo lugar, el sistema colonial de los españoles había impedido
que los criollos aprendieran a gobernarse. Se encontraron con el   15
poder y la libertad, después de las guerras de independencia, que du-
raron desde 1810 hasta 1824, pero la mayoría de los jefes eran militares
nada más, y no sabían gobernar bien. Bolívar no era sólo militar sino
hombre de estado, pero había pocos otros con su visión. Además,
Bolívar nunca había sido robusto, y sus muchas campañas le destru- 20
yeron la salud. A pesar de todo esto, dedicó los pocos años de vida
que le quedaban después de 1824 a los ideales de democracia y unión.

Beginning with this lesson, one or more of the earlier lessons will be assigned
for review. The review lesson or lessons should be studied first, since review
material is included in the exercises of the advance lesson. With Lesson 6,
review Lesson 1.

Contra la unión había las enormes distancias que separaban las antiguas colonias españolas, y el hecho que había habido pocas comuni-
25 caciones entre ellas. Así es que cuando vino la independencia, las nuevas repúblicas sabían muy poco una de otra, y todos los esfuerzos de Bolívar por unirlas fueron en vano. Pero—dijo Concha de repente —me olvido de que estoy hablando a un estudiante de historia, para quien todo esto será muy aburrido.

30 —Al contrario, me interesa mucho, y como al amigo Lynch, me encanta oírla hablar y mirar entretanto su boca tan bonita y tan pequeña.

—Muchas gracias, pero no lo merecen ni la boca ni la lección de historia. ¡Ojalá que venga pronto el camarero! Tengo muchísima
35 hambre.

44. Commands

A. háblame (tú)	no me hables (tú)
habladme (vosotros)	no me habléis (vosotros)
hábleme (Vd.)	no me hable (Vd.)
háblenme (Vds.)	no me hablen (Vds.)

The Spanish command or imperative has four forms, which correspond to the four forms of address. In all regular, and in most irregular verbs, the second person singular imperative (**tú**) is identical in the affirmative with the THIRD person singular present indicative: **habla, come, recibe, trae,** etc. In eight verbs, this form is irregular: **di (decir), haz (hacer), pon (poner), sal (salir), sé (ser), ten (tener), ve (ir),** and **ven (venir).**

In all verbs, regular and irregular, the second person plural imperative (**vosotros**) in the affirmative is found by changing the **-r** of the infinitive ending to **-d: hablad, recibid, sed, id,** etc. In reflexive verbs, the final **-d** is dropped before the pronoun **os** is attached: **sentaos, vestíos**—with one exception: **idos.**

In all verbs, regular and irregular, the third person singular and plural command forms (**Vd., Vds.**), in the affirmative and negative, are taken from the present subjunctive: **hable, hablen; coma, coman; diga, digan,** etc. The addition of the subject pronoun increases the politeness of the command.

From the present subjunctive come also the NEGATIVE forms of the
second singular and second plural commands, so that ALL NEGATIVE
COMMANDS COME FROM THE SUBJUNCTIVE. The negative of **dáselo** is
no se lo des, of **compradlos** is **no los compréis,** of **vete** is **no te vayas,** etc.

B. The first person plural command is expressed by **vamos a** and the
infinitive, or by the first plural of the present subjunctive (1, 5). In the
case of **ir,** however, **vamos** is used as the command form (3, 4). Only the
subjunctive form may be used in the negative (2). When a reflexive
pronoun is added to this command, the final **-s** is dropped from the
verb (4, 5).

1. Vamos a venderlo. Vendá-moslo.	Let's sell it.
2. No lo vendamos.	Let's not sell it.
3. Vamos.	Come. Let's go. Let's begin.
4. Vámonos.	Let's leave. Let's go (out).
5. Vamos a sentarnos. Senté-monos.	Let's sit down.

C. The indirect command, intended usually for someone not present, is expressed by **que** and the present subjunctive. Note that object pronouns precede the verb, and that a noun subject follows it.

Que me lo mande Perico.	Let (Have) Pete send it to me.
Que los tenga aquí hoy.	Let me have them here today.

45. The Subjunctive in Noun Clauses

A. The subjunctive is used in subordinate clauses that depend on
verbs that express UNCERTAINTY (1) or an ATTITUDE, favorable or un-
favorable (wishing, ordering, forbidding, fearing, etc.) (2).

1. No creen que venga.	They don't think he is coming.
Dudo que fuera española.	I doubt that she was Spanish.
2. Quiero que salgan.	I want them to go out (that they go out).
Mandó que bajaran.	He ordered them to come down (that they come down).
Me alegro de que hayas ve-nido.	I'm glad that you have come.

B. Impersonal expressions may be followed, in Spanish as in English, by an infinitive (1) or by a clause (2, 3). In Spanish, if there is a dependent clause, the subjunctive must be used after expressions of UNCERTAINTY (*it is probable, possible, not true,* etc.) or of ATTITUDE (*it is good, necessary, advisable,* etc.) (2). If the expression is one of certainty (*it is clear, true,* etc.), the indicative is used in the subordinate clause (3).

1. ¿Es preciso decírselo?   Is it necessary to tell him?
   Más vale irnos ahora.   It's better to leave now.
2. ¿Es posible que yo lo haga?   Is it possible for me to do it?
   Más vale que Vd. se vaya.   It's better for you to leave. You had better leave.
3. Es verdad que me gustan.   It's true that I like them.
   Consta que no fuí yo.   It's clear that it wasn't I.

C. When verbs of communication (*to ask, tell, write, telephone,* etc.) communicate a FACT, the indicative is used in the subordinate clause (1). When they communicate an ORDER or a REQUEST, English uses a subordinate infinitive, but Spanish uses a subjunctive clause (2).

1. Me dice que viene hoy.   He tells me that he is coming today.
2. Me dice que venga hoy.   He tells me to come today.

D. After **dejar, hacer, impedir, mandar,** and **permitir,** a dependent infinitive may be used in Spanish (1), but if the subordinate verb has a noun subject, a subjunctive clause is preferable (2).

1. Le hice leer la carta.   I made (had) him read the letter.
   Mandó cortar la hierba.   He had the grass cut.
   No me impida Vd. salir.   Don't prevent (stop) me from leaving.
2. Mandaron (Hicieron) que lo   They made (had) John pay for
   pagara Juan.   it.
   No permití que lo supieran   I didn't permit (allow) the children
   los niños.   dren to know it.

46. Tense Usage in the Subjunctive

When the main verb is in the future, present, or present perfect tense, a subordinate subjunctive clause is usually in the present tense (1), but it may be in a past tense when, as in English, the action of the subordinate clause precedes that of the main verb (2). When the main verb is in any other tense, a subordinate subjunctive clause MUST be in the imperfect subjunctive (3), or the pluperfect subjunctive (4).

1.	No creo que venga.	I don't think he's coming (will come).
	Le pedirán que los traiga.	They will ask him to bring them.
	Les he dicho que salgan.	I have told them to leave.
2.	No creo que viniera.	I don't think he came (was coming).
	Espero que lo hayas visto.	I hope you have seen it.
3.	No creía que vinieran.	She didn't think they were coming (would come).
	Les pedí que lo trajeran.	I asked them to bring it.
	Me gustaría que lo hiciera.	I would like him to do it.
4.	Sentía que hubieras salido.	I was sorry that you had left.

WORDS AND PHRASES

47. To Hope

Hopes are expressed by **esperar** (1) or by the more emphatic **ojalá** (2). Both are followed by the subjunctive. But **esperar**, meaning *to expect,* is often followed by the future or conditional tenses (3).

1.	Espero que vengan.	I hope they are coming (will come).
2.	¡Ojalá que vengan!	I do hope they will come!
	¡Ojalá que vinieran!	I wish they would come!
3.	Espero que vendrán.	I expect that they will come.

48. To Get

Spanish has no verb so universally useful as *get*. It must be translated by the Spanish verb closest to its specific meaning in each case. For *get,* meaning *become,* see the next Section.

Me levanté a buscar un fósforo.	I got up (rose) to get a match.
Recibí la carta cuando volví.	I got (received) the letter when I got back (returned).
¿Dónde compró (halló) ése?	Where did he get (buy, find) that one?
¿Cuánto gana por semana?	How much does he get (earn) a week?

49. To Become

To become may indicate physical or involuntary changes (1), objectives attained (2), *to suit* (3), or *to happen to* (4).

1. Se puso viejo y triste.	He became old and sad.
No te pongas bravo.	Don't get angry.
2. Se hizo (Llegó a ser) médico.	He became (got to be) a doctor.
3. Ese vestido te cae (va) bien.	That dress becomes (looks well on) you.
4. ¿Qué ha sido de ella?	What has become of (happened to) her?

VERB REVIEW

50. saber (to know)

Pres. Ind.	sé, sabes, sabe, sabemos, sabéis, saben
Pres. Subj.	sepa, sepas, sepa, sepamos, sepáis, sepan
Preterite	supe, supiste, supo, supimos, supisteis, supieron
Future	sabré, sabrás, sabrá, sabremos, sabréis, sabrán
Conditional	sabría, sabrías, sabría, sabríamos, sabríais, sabrían

Remember that the preterite of **saber** means *I learned, found out,* etc.

51. traer (to bring)

Pres. Part.	trayendo	Past Part.	traído
Pres. Ind.	traigo, traes, trae, traemos, traéis, traen		
Pres. Subj.	traiga, traigas, traiga, traigamos, traigáis, traigan		
Preterite	traje, trajiste, trajo, trajimos, trajisteis, trajeron		

52. ver (to see)

PAST PART.   **visto**
PRES. IND.   **veo, ves, ve, vemos, veis, ven**
PRES. SUBJ.   **vea, veas, vea, veamos, veáis, vean**
IMPERF. IND. **veía, veías, veía, veíamos, veíais, veían**
PRETERITE   **vi, viste, vió, vimos, visteis, vieron**

Review also the formation of the subjunctive tenses of regular verbs
(Sections 121, 122) and of irregular verbs (Section 123 E).

EXERCISES

A. 1. ¿De quién quiere saber más Pepe? 2. ¿Quién fué Bolívar?
3. ¿Qué ideal tenía? 4. ¿Por qué no logró su ideal? 5. ¿En qué
año se reunió el primer congreso panamericano? 6. ¿En qué año
se reunió el segundo congreso? 7. ¿En qué año terminaron las
guerras de independencia? 8. ¿Por qué no hubo unión de las
colonias sudamericanas? 9. ¿Cuántos países hay ahora en Sud
América? 10. ¿Cuál es el más grande?

B. I. *Change to the corresponding forms of the present and imperfect
subjunctives:* 1. hablamos 2. vive 3. tenemos 4. pierde 5. vas
6. es 7. salgo 8. decimos 9. piden 10. sabes 11. traen 12. vemos
13. quiere 14. vengo 15. haces

II. *Change the following commands to the negative:* 1. dímelo
2. vete 3. vamos a levantarnos 4. ven 5. hablad 6. hazlo 7. có-
manlo 8. sentaos 9. tráemelos 10. sal

C. *Translate the English words:* 1. Me alegro de que (you have
come). 2. Sé que (she is English). 3. Le dije que (I was leaving).
4. Siento que (you said that). 5. Es posible que (he will bring
them). 6. Es verdad que (I bought them). 7. Mandó que (they
speak). 8. Es lástima que (they aren't here). 9. No creo que (he
was a doctor). 10. Insisto en que (you stay).

D. 1. Let Mary bring them. 2. I told you to get up, didn't I? 3. Do
you want me to get out? 4. Please tell me, then, if he got the letter.
5. What became of the cigarettes that I sent home? 6. He got

back at six. 7. I had him open the windows. 8. He got very tall.
9. Everyone is sorry that you can't be here. 10. I don't think this
hat looks well on me.

E. *Write:* 1. "I want you to tell me something," said Joe to Concha.
2. "When we were talking several days ago, I doubted that Bolívar
was a greater hero than San Martín. 3. But now I'm not sure that
I was right. 4. Please tell me why you think that I was wrong about
Bolívar." 5. "Well," said Concha, "in the first place, both men
were great military leaders, but Bolívar was a great orator also.
6. He wanted all of South America to unite in one country, like the
United States. 7. But there were great distances and little communication then between the colonies. 8. All the other leaders
thought only of their own countries, and not of South America.
9. Bolívar summoned the first Pan American Congress in 1826.
10. The second Congress didn't meet until 1889. 11. Bolívar died
fearing that his life was a failure." 12. "Well, I'm sorry that I
didn't know that before," said Joe. 13. "I'm glad you told me all
this, and I shall always remember it. 14. But now we must eat. I
wonder where the waiter is." 15. "I do hope he comes soon," said
Concha. "I'm very hungry."

Lesson Seven

LOS APELLIDOS

—Hola, Pepe—gritó en ese momento una voz conocida.—Buenos días, Srta. Moreno—dijo Miguel, acercándose a la mesa.

—Siéntese, señor Lynch—dijo Concha—pero no me llamo Moreno sino López Moreno. Moreno es el apellido de mi madre y López, el de mi padre. Usted debe llamarme, pues, López Moreno o López. 5 ¿Comprende usted?

—No muy bien. ¿Por qué no le llamo Concha? Es más fácil, y muy hermoso. Usted también es muy hermosa.

—No, no—dijo ella, poniéndose roja.—Esto de los apellidos es muy importante. Cada español o hispanoamericano tiene dos apellidos: 10 primero, el de su padre, y después, el de su madre. A veces omite el segundo apellido, pero nunca el primero. ¿Cómo se llama su madre, señor Lynch?

—Ana.

—No su nombre, su apellido. 15

—Pues, Lynch.

—¡No, no, hombre! Antes de casarse.

—Oh, antes de casarse se llamaba Ana González.

—¡González! ¡Pero ése es un apellido español!

—Sí, señorita. El padre de mi madre ¿cómo se dice eso? 20

—Abuelo—dijo Pepe.

With this lesson, review Lesson 2.

65

—Gracias. Mi abuelo vino a Nueva York de España, pero se casó con una norteamericana. Mi madre hablaba muy poco español, y yo hablo menos, como usted ve.

25 —Bueno—siguió Concha, con determinación—si usted fuera español, se llamaría Miguel Lynch y González, o Miguel Lynch González. Primero, el apellido de su padre, Lynch, y después el apellido de su madre, González. Y le llamarían Lynch González o Lynch, pero nunca González.

30 —Así es—dijo Pepe—y cuando una mujer se casa, lleva el apellido de su padre y el de su esposo. Vamos a suponer, por ejemplo, que la Srta. López Moreno se casa con el Sr. José Panadero Rey—continuó mientras Concha le miró con sorpresa.—Después de casarse, se llamaría ella Concha López de Panadero, o la Sra. de Panadero. Los hijos 35 (y aquí Pepe se puso un poco rojo) se llamarían Pepito y Conchita Panadero López.

—O Lynch López—dijo Miguel.—Eso me parece mucho mejor. Pero dime, Pepe ¿cómo se llamaría la esposa de Pepe Panadero al morir su esposo?

40 —Se llamaría Concha López viuda de Panadero, pero seguiría siendo la Sra. de Panadero.

—No por mucho tiempo, estoy seguro.

—Vamos, muchachos—dijo Concha, riéndose.—No se riñan por tan poca cosa. Yo prefiero ser solterona a ser viuda.

45 —¡Solterona! No diga usted eso. Sería demasiado cruel para todos los hombres—dijo Pepe, mientras Miguel los escuchaba perplejo, pero resuelto a aprender más español lo más pronto posible.

53. Agreement of Adjectives

MASC. SING.	MASC. PLURAL	FEM. SING.	FEM. PLURAL
alto	altos	alta	altas
español	españoles	española	españolas
preguntón	preguntones	preguntona	preguntonas
hablador	habladores	habladora	habladoras
difícil	difíciles	difícil	difíciles
mejor	mejores	mejor	mejores

Adjectives ending in -o form their feminine singular by changing -o to -a. Adjectives of nationality ending in a consonant, adjectives ending in -án or -ón, and adjectives ending in -or that are derived from verbs (hablador, trabajador, etc.) form their feminine singular by adding -a to the masculine singular. Other adjectives are identical in the masculine and feminine singular. The plurals of adjectives are formed like those of nouns (Section 13). Adjectives agree in gender and number with the nouns they modify. An adjective that modifies two or more nouns of different genders is usually masculine plural.

muchas historias interesantes	many interesting stories
dos niños ingleses	two English children
una madre habladora	a talkative mother
una pobre joven	a poor young woman
una pluma y un lápiz rojos	a red pen and pencil

54. Position of Adjectives

A. Limiting adjectives, which tell which or how many, but do not describe, are placed before the noun (1). Descriptive adjectives follow the noun when they distinguish it from others of its class (2), but precede when they describe qualities which we expect the noun to have (3), or when the noun is unique (4).

1. tres (muchos, esos) niños	three (many, those) children
2. una casa blanca	a white house
unas novelas españolas	some Spanish novels
3. las bonitas flores	the pretty flowers
la blanca nieve	the white snow
4. el famoso profesor Torres	the famous Professor Torres
la hermosa hija de Isabel	Elizabeth's beautiful daughter (she has only one)

B. Bueno, malo, mejor and **peor** usually precede the noun, unless very emphatic (1). Some adjectives have a second, figurative meaning when they precede the noun (2). In their literal meaning, they always follow (3).

1. una buena (mala) comida	a good (bad) meal
los mejores (peores) años	the best (worst) years
2. un pobre niño	a poor (unfortunate) child
una nueva pluma	a new (another, a different) pen
3. un niño pobre	a poor child (not rich)
una pluma nueva	a new pen (just bought)

C. Two or more adjectives modifying a noun may be coordinate, each modifying the noun independently. They are usually separated by commas in English, and must be connected by **y** in Spanish (1). If one adjective is subordinate, modifying the noun plus the other adjective, the first adjective usually precedes the noun, and the second follows it (2).

1. una calle larga y estrecha	a long, narrow street
una lección corta y fácil	a short, easy lesson
2. una hermosa casa española	a beautiful Spanish house
ese viejo sombrero negro	that old black hat

55. Adjectives with Shortened Forms

A. Alguno, bueno, malo, ninguno, primero, tercero, and uno drop their final -o before a masculine singular noun. **Algún** and **ningún** add an accent for stress. Elsewhere, all these adjectives have normal endings and agreements.

el primer buen día	the first good day
el tercer mes	the third month
ningún dinero	no money
la primera clase	the first class
El niño es muy malo.	The child is very naughty.

B. Santo shortens to **San** before all masculine names except **Tomás** and **Domingo** (1). **Grande** usually shortens to **gran** (with the meaning of *great*) before a singular noun of either gender, especially if the noun begins with a consonant sound (2). **Ciento** shortens to **cien** before a noun or a larger number (3). The full form is used from 101 to 199 (4).

1. San Francisco, San Diego	St. Francis, St. James
Santa Isabel, Santo Tomás	St. Elizabeth, St. Thomas
2. un gran profesor, una gran profesora	a great teacher
3. cien (buenos) soldados	a hundred (good) soldiers
cien mil pesos	a hundred thousand dollars
4. ciento tres	a hundred and three

56. Adjective Phrases

In Spanish, nouns are almost never used as adjectives, to modify another noun. Instead, a prepositional phrase is used, with de or **para**. **De** indicates material (1); **para** indicates use (2). When languages are subjects of study, Spanish uses not an adjective, but a noun phrase with **de** (3).

1. una cuchara de plata	a silver spoon
dos servilletas de papel	two paper napkins
2. varias tazas para café	several coffee cups
una caja para cigarros	a cigar box
3. un profesor (libro) de inglés	an English teacher (book)
una clase (un examen) de español	a Spanish class (exam)

WORDS AND PHRASES

57. Expressions of Weather

Hacer and **haber** are both used here, **haber** for the more tangible or visible aspects of weather. Since these expressions involve nouns, **mucho** and **tanto** are used for *very* and *so* (compare Section 18).

¿Qué (tal) tiempo hace? Hace buen (mal) tiempo.	What's the weather like? It's good (bad) weather.
Hará (mucho) calor y viento.	It will be (very) hot and windy.
Hacía (tanto) fresco, frío.	It was (so) cool, cold.
Hace (Hay) sol.	It's sunny, the sun is out (shining).
Habrá luna.	The moon will be out (shining).

Había (tanto) polvo, lodo.   It was (so) dusty, muddy.
Llueve (Está lloviendo).   It's raining.
Nieva (Está nevando).   It's snowing.

58. Just

Distinguish between *just* as an adjective (1), as an adverb meaning
only (2), meaning *exactly* (3), meaning *a little while* (4), and indicating an exact moment (5). *To have just* is **acabar de** (6).

1. un profesor justo   a just (fair) teacher
2. sólo un profesor, un profesor   just a teacher
   nada más
3. Eso mismo pienso yo.   That's just what I think.
4. un poco (un momento) des-   just after class
   pués de la clase
5. En ese momento entraron.   Just then they came in.
   No los tengo en este mo-   I haven't any just now.
   mento.
   en el momento en que le ha-   just as I was talking to him
   blaba
6. Acabo de bajar.   I have just come (I just came)
                                     down.

   Acababa de bajar.   I had just come down.

59. Right and Wrong

Distinguish between people being right and wrong (1), moral right
and wrong (2), right, as opposed to left (3), correct and incorrect (4),
and right and wrong indicating successful or unsuccessful choice or
search, either left untranslated, expressed by a clause with **buscar** or
deber, or translated by **equivocarse de** (5).

1. Espero que tengas razón.   I hope you're right.
   Perico no tiene razón.   Pete is wrong.
2. No tienen el derecho de de-   They have no right to say it.
   cirlo.
   Lo bueno y lo malo.   Right and wrong.
   Es malo robar.   It's wrong to steal.
3. Vamos a la derecha.   We go to the right.

4. Este plan está (no está) bien.

5. Se debe (No se debe) hacer así.

Esa no es la casa (que busco).

(No) trajo el libro que debía.

Me equivoqué de casa.

Se equivocó de sombrero.

This plan is right (wrong).

This is the right (wrong) way to do it.

That's not the right house.

He brought the right (wrong) book.

I went into the wrong house.

He took the wrong hat.

VERB REVIEW

60. caber (to fit, be contained)

PRES. IND.	quepo, cabes, cabe, cabemos, cabéis, caben
PRES. SUBJ.	quepa, quepas, quepa, quepamos, quepáis, quepan
PRETERITE	cupe, cupiste, cupo, cupimos, cupisteis, cupieron
FUTURE	cabré, cabrás, cabrá, cabremos, cabréis, cabrán
CONDITIONAL	cabría, cabrías, cabría, cabríamos, cabríais, cabrían

No cabe en el cajón.

¿Cuántos caben en el coche?

No cabes aquí.

No cabe duda de que lo hizo.

It won't fit (go) into the box.

How many does the car hold?

There's no room for you here.

There's no (room for) doubt that he did it.

61. caer (to fall)

PRES. PART.	cayendo PAST PART. caído
PRES. IND.	caigo, caes, cae, caemos, caéis, caen
PRES. SUBJ.	caiga, caigas, caiga, caigamos, caigáis, caigan
PRETERITE	caí, caíste, cayó, caímos, caísteis, cayeron

To fall by accident is **caerse.**

62. oír (to hear)

PRES. PART.	oyendo PAST PART. oído
PRES. IND.	oigo, oyes, oye, oímos, oís, oyen
PRES. SUBJ.	oiga, oigas, oiga, oigamos, oigáis, oigan
PRETERITE	oí, oíste, oyó, oímos, oísteis, oyeron

FUTURE   oiré, oirás, oirá, oiremos, oiréis, oirán
CONDITIONAL oiría, oirías, oiría, oiríamos, oiríais, oirían

63. valer (to be worth)

PRES. IND.   valgo, vales, vale, valemos, valéis, valen
PRES. SUBJ.   valga, valgas, valga, valgamos, valgáis, valgan
FUTURE   valdré, valdrás, valdrá, valdremos, valdréis, valdrán
CONDITIONAL   valdría, valdrías, valdría, valdríamos, valdríais,
              valdrían

EXERCISES

A. 1. ¿Qué error hizo Miguel al saludar a Concha? 2. ¿Por qué se puso roja Concha? 3. ¿Cuántos apellidos tienen los españoles? 4. ¿Cuál de los apellidos es el del padre? 5. ¿De dónde vino el abuelo de Miguel? 6. ¿Cómo se llamaba la madre de Miguel antes de casarse? 7. ¿Cómo se llamaba después de casarse? 8. ¿Por qué se rió Concha? 9. ¿Qué es una viuda? 10. ¿Qué es una solterona?

B. *Give the present participle and the required form of the present indicative, present subjunctive, future, conditional, preterite, and imperfect subjunctive:* 1. ellos (oír) 2. él (valer) 3. yo (caerme) 4. ella (caber) 5. tú (estar) 6. vosotros (ser) 7. nosotros (tener) 8. Vd. (perder) 9. él (dormir) 10. nosotras (pedir)

C. 1. a good water glass 2. St. John 3. some good friend 4. these pretty flowers 5. our Spanish exam 6. a great man 7. a hundred dollars 8. a long, boring novel 9. my old straw hat 10. many talkative girls   *Hace sol*

D. 1. I'm very thirsty. 2. You're wrong. 3. The sun is out. 4. That's just what I said. 5. It's wrong to do such a thing. 6. It's quite cool tonight. 7. He has just left. 8. That's not the right way to talk. 9. I'm in a great hurry. 10. I don't go there any more.

E. *Write:* 1. Just as Concha and I were sitting down, we saw Michael. 2. It was cold, and he was wearing his new blue overcoat. 3. Since he was alone, we asked him to eat with us. 4. He said he had just a half hour. 5. Then he had to go to Professor Smith's. 6. We had just met the famous professor, who lived in a stone house to the right of the old Church of St. Philip. 7. Professor Smith had a lovely blonde wife and three attractive children. 8. He was from Cuba, and had come here just before the war. 9. Just then, the waiter came, and we ordered dinner. 10. Concha asked Michael why he was going to the professor's. 11. He said that he had asked the professor to teach him to speak Spanish. 12. All of his friends spoke it quite well, and he didn't want them to laugh at him when he said something in Spanish. 13. Concha said she would be delighted to teach him, too. 14. I didn't like that very much, but what could I do? 15. When we went out, it was snowing so much that I didn't think Michael would find the right house.

Lesson Eight

UN POCO DE HISTORIA

—Dígame usted, Concha—le dijo Miguel una tarde mientras tomaban un refresco en la farmacia Central—hace mucho tiempo que quiero preguntarle algo. ¿Por qué hay tantas revoluciones en Sud América?

5 —Porque en algunos países el gobierno no quiere perder su poder. Tiene miedo de las elecciones libres, y el pueblo tiene que botarlo por fuerza.

—¿Y eso ha pasado en Venezuela?

—Sí, señor. Hace dos años tuvimos un cambio de gobierno bastante 10 violento, pero que resultó bien. Hemos tenido dictadores, muchos y malos, por desgracia nuestra. El último y peor fué Juan Vicente Gómez, que gobernó desde 1908 hasta 1935. Fué un tirano absoluto que se hizo el hombre más rico del país. Pero desde 1935 tenemos gobiernos bastante democráticos.

15 —¿Y qué de los otros países hispanoamericanos? ¿Cuáles son democráticos y cuáles tienen dictadores?

—Es una pregunta algo difícil, porque hay países y dictadores más o menos democráticos. Entre los países de más pura tradición democrática se encuentran sin duda Costa Rica, Colombia, Chile y Uruguay.

20 —¿Y México? Mi profesor de español dice que es una democracia.

—México es muy democrático, excepto que hay sólo un partido político, el partido de la Revolución, y que muchos, muchos indios no votan.

With this lesson, review Lesson 3.

—¿Cuándo fué esa Revolución, en 1917?

—No, empezó antes, en 1910, cuando echaron al general Porfirio Díaz, 25
presidente y dictador desde 1876. La Revolución mexicana ha sido
política y social también. La distribución de tierra, por ejemplo, ha
sido y sigue siendo uno de los problemas más urgentes de México.
Entre todos los presidentes, el que más ha hecho hacia este ideal fué
Lázaro Cárdenas, presidente desde 1934 hasta 1940. Como otro de los 30
grandes hombres de México, Benito Juárez, Cárdenas tiene sangre
india, y sabe íntimamente los problemas indios.

—¿Y quién es este Juárez? ¿Es presidente ahora?

—¡Qué barbaridad! ¿No sabe usted quién fué Benito Juárez? Pues
había una película yanqui hace varios años en que figuraban Juárez 35
y el emperador Maximiliano y la pobre Carlota, que se volvió loca.

—¿Por qué? ¿No la quería su esposo?

—Sí, la quería mucho. Le diré otro día por qué se volvió loca. Sería
muy largo para hoy.

—A propósito ¿quiere usted ir mañana por la noche a visitar al doctor 40
Torres, mi profesor de español? Le he hablado de usted, y tiene muchas ganas de conocerle.

—Sí, me gustaría mucho. ¿A qué hora debemos ir?

—A las siete y media. Iré a buscarle, comeremos juntos, y luego iremos
a tomar café con él. ¿Está bien?   45

—Muy bien, y muchas gracias.

64. The Compound Tenses

The compound tenses (Appendix, Section 122) correspond closely to
their English equivalents (1). The commonest use for the Spanish future perfect is to express probability in past time (Section 28 A). The
preterite perfect is used only in subordinate clauses of time and is
replaced, even more frequently than in English, by a simple past
tense (2). No word may come between any form of **haber** and the past
participle, except an object pronoun attached to **haber** or **habiendo**
(3). The past participle is invariable in compound tenses, although
elsewhere, when used as an adjective, it agrees with the word it modifies: **la lección está terminada; las ventanas cerradas.**

1. ¿Los ha vendido Vd.?	Have you sold them?
Lo habrán perdido.	They have probably lost it.
Dijo que no lo había escrito.	He said he hadn't written it.
Creo que me lo habría dicho.	I think he would have told me.
2. En cuanto hubieron venido (vinieron), empezamos a comer.	As soon as they had come (came), we began to eat.
3. Habiéndolos comprado, salí.	Having bought them, I went out.
después de haberme visto	after having seen me

65. Idiomatic Present and Imperfect

A. To ask or tell how long an action or state has continued, Spanish uses the PRESENT tense, with **hace . . . que** or **desde hace** (1), or the PRESENT tense of **llevar** is used with a present participle for the action (2). When something has NOT happened for a length of time, either the present or the present perfect tense may be used (3). But if the action or state does not continue up to the present time, both English and Spanish use a simple past tense (4).

1. ¿Cuánto tiempo hace que come?	How long has he been eating?
¿Hace mucho tiempo que espera?	Has he been waiting long?
Hace un día que espero. Espero desde hace un día.	I have waited (been waiting) (for) a day.
2. Llevo un día aquí (esperando).	I've been here a day (waiting).
3. Hace tiempo que no la veo (he visto). No la veo (he visto) desde hace tiempo.	It's some time since I've seen her. I haven't seen her for some time.
4. Esperé (por) un día.	I waited (for) a day.

B. The English pluperfect tense with an expression of time is translated by the Spanish IMPERFECT with **hacía . . . que** or **desde hacía** (1), or by the IMPERFECT of **llevar** with the present participle (2). Note that ALL the verbs are in the imperfect tense.

1. ¿Cuánto tiempo hacía que
comía?
Hacía un día que esperaba
(Esperaba desde hacía un
día) cuando llegaron.
2. Llevaba un día allí.
Llevaban un mes trabajando.

How long had he been eating?

I had been waiting for a day
when they arrived.

I had been there a day.
They had been working a
month.

66. Uses of haber

The impersonal verb **haber** has the special form **hay** in the present
indicative. In other tenses, the third person SINGULAR is always used
(1). Impersonal **haber que** replaces **tener que** (Section 18 B) when the
subject is general or indefinite (2). **Haber de** means *to be to, to be
supposed* or *expected to* (3). Remember that possession is expressed
not by **haber** but by **tener**.

1. Hay (Había, Habrá) flores en
la mesa.
Hubo dos partidos ayer.

Ha habido un accidente.
2. Hay que hacerlo.

Había tanto que leer.
3. Han de venir hoy.

Habían de traerlo.

There are (were, will be) flowers
on the table.
There were two games yester-
day.
There has been an accident.
One must (has to) do it. It must
(has to) be done.
There was so much to read.
They are (supposed) to come to-
day.
They were (expected) to bring
it.

67. Adverbs and Adverbial Phrases

Most adverbs are formed by adding **-mente** to the feminine singular
of the corresponding adjective. A written accent on an adjective is
kept on an adverb formed from it (1). If two or more adverbs are used
in series, **-mente** is attached to the last one only (2). In many cases
where English uses an adverb, Spanish prefers an adverbial phrase (3)
or a predicate adjective (4).

1. claro, claramente	clear, clearly
rápido, rápidamente	rapid, rapidly
grave, gravemente	grave, gravely
fácil, fácilmente	easy, easily
2. clara y fácilmente	clearly and easily
rápida pero correctamente	rapidly but correctly
3. con cuidado	carefully (with care)
con éxito	successfully (with success)
sin aliento	breathlessly (without breath)
4. Vivían felices.	They lived happily.
Lo busqué ansioso.	I searched for it anxiously.

68. Adverbs, Prepositions, and Conjunctions

English often uses the same word as adverb and preposition (1), as preposition and conjunction (2), and occasionally as adverb, preposition, and conjunction (3). Spanish clearly distinguishes parts of speech, adding **de** when a preposition is formed from an adverb (1), and adding **que** when a conjunction is formed from a preposition or an adverb (2, 3).

1. Vive cerca (cerca de Lima).	He lives near (near Lima).
2. Salió sin verme (sin que lo viera).	He went out without seeing me (without my seeing him).
Esperé hasta las ocho (hasta que volvieron).	I waited until eight (until they returned).
3. La vi antes (antes de la comida, antes (de) que saliera).	I saw her before (before dinner, before she left).
Iré después (después de leerlo, después que él lo lea).	I'll go afterwards (after reading it, after he reads it).

WORDS AND PHRASES

69. Since

Since, referring to time, is translated by the preposition **desde** (1) or the conjunction **desde que** (2). Note that the tense changes correspond to those in Section 65. *Since*, indicating cause, is translated by **puesto que** or **ya que** (3).

1. Estoy aquí desde las seis.	I have been here since six.
No le hablo (he hablado) desde entonces.	I haven't spoken to him since (then).
Leíamos desde las nueve.	We had been reading since nine.
2. Todos trabajan desde que estoy aquí.	Everyone has been working since I have been here.
Estamos muy tristes desde que saliste.	We have been very sad since you went away.
3. Puesto que (Ya que) ha venido, lo veré.	Since he has come, I'll see him.

70. Ago

Hace, meaning *ago,* precedes the time expression. The phrase with **hace** may follow or precede the main clause. When it precedes, **que** is often inserted, especially if the main clause is very short.

Vino aquí hace un mes. Hace un mes (que) vino aquí.	He came here a month ago.

71. Deber

Deber, like English *must,* may express necessity (1), moral obligation (2), or probability, when it is often followed by **de** (3).

1. Debe venir.	He must come.
2. Debía (Debería, Debiera) venir.	He should (ought to) come.
Debió venir.	He should have (ought to have) come.
3. Debe (de) saberlo.	He must know it.
Debía (de) saberlo.	He must have known it.

72. To Ask

Preguntar means *to inquire, ask (a question)* (1), but it may not be used with the noun **pregunta** (2). **Pedir** is *to request, ask for (something), ask (someone to do something)* (3). With both verbs, the person asked is the indirect object, and the thing asked or asked for is the direct object.

1. Le pregunté adónde iba.	I asked her where she was going.
Quiero preguntar por ella.	I want to ask (inquire) about her.
2. Voy a hacerle una pregunta.	I'm going to ask you a question.
3. Les pediré que lo compren.	I shall ask them to buy it.
Pidió azúcar a María.	She asked Mary for some sugar.

73. To Think

When *think* expresses reasoning power or planning, use **pensar** (1, 2). To express belief, use **creer** (3). To ask or give an opinion, use **parecer** (4). *To think of,* meaning *to have thoughts about,* is **pensar en** (2); expressing an opinion, it is **parecer** (4).

1. Piense con cuidado.	Think carefully.
Pienso venderlo.	I intend (plan) to sell it.
2. ¿En qué estás pensando?	What are you thinking about?
Pensábamos en él.	We were thinking of him.
3. Creo que lo hará.	I think (believe) he will do it.
4. ¿Qué le parece?	What do you think (of it)?
Me parecen muy buenos.	I think they are very good.

VERB REVIEW

74. haber (to have)

PRES. IND.	he, has, ha, hemos, habéis, han
PRES. SUBJ.	haya, hayas, haya, hayamos, hayáis, hayan
PRETERITE	hube, hubiste, hubo, hubimos, hubisteis, hubieron
FUTURE	habré, habrás, habrá, habremos, habréis, habrán
CONDITIONAL	habría, habrías, habría, habríamos, habríais, habrían

Review also the formation of the compound tenses (Section 122), and the irregular past participles (Section 123 G).

EXERCISES

A. 1. ¿Qué pregunta le hace Miguel a Concha? 2. ¿Por qué hay que botar a veces un gobierno? 3. ¿Ha habido dictadores en Venezuela? 4. ¿Quién fué el peor? 5. ¿Cuáles son los países más democráticos de la América española? 6. ¿Por qué no es México completamente democrático? 7. ¿En qué año empezó la Revolución mexicana? 8. ¿Cuál es uno de los problemas más urgentes de México? 9. ¿A dónde van a ir Concha y Miguel? 10. ¿Quién es el doctor Torres?

B. *Give the following verb forms:* 1. I haven't seen them 2. has Mary left? 3. they will have gone 4. hasn't she opened it? 5. having spoken 6. they had done it 7. to have returned 8. hadn't she eaten? 9. they would have told me 10. you've broken it 11. we would have died 12. I had had them 13. having covered them 14. to have written it 15. he must have gone out

C. *Replace the dash by the definite or indefinite article, if needed:* 1. Buenos días, — doctor Flores. 2. — español es muy hermoso. 3. — pobre Pepe se murió. 4. Me gusta — verano. 5. — mil dólares 6. No vivo en — colegio. 7. — honor vale más que — dinero. 8. Te veré — martes. 9. María es — profesora. 10. Viven en — Ecuador. 11. Tiene — pelo negro. 12. No salgas sin — sombrero. 13. — medio año 14. treinta centavos — docena 15. tal — libro

D. 1. What do you think of them? 2. He asked me for them. 3. You shouldn't pay it. 4. How long have you been here? 5. It has to be done. 6. He looks like a Spaniard. 7. I have six left. 8. She is to leave at eight. 9. I spoke to her after I read it. 10. Look out!

E. *Write:* 1. "There is a question that I have been wanting to ask you for a long time," said Michael one afternoon. 2. "In the past century, there have been so many revolutions in South America. 3. There must be a reason, and I am glad that you are here to explain it to me clearly and simply." 4. "I doubt that I can explain it to you simply," said Concha, "because there are so many reasons. 5. A century ago, after the wars of independence, the leaders of the former Spanish colonies were soldiers who knew little about governing. 6. Of course, there was Bolívar, but the other leaders didn't have his vision and his ideals. 7. They ought to have taught the South Americans to govern themselves. 8. But they thought only of their own power and wealth. 9. There have been many dictators in South America, but in some countries there has been a long tradition of democracy." 10. "Mexico must be a very demo-

cratic country, after its Revolution, isn't it?" asked Michael.
11. "You're right," said Concha. "Since 1910 Mexico has had a
constant social revolution. 12. Each president is supposed to follow the Constitution of 1917 and all its reforms. 13. Few presi-
dents have done so as well as Lázaro Cárdenas." 14. "Cárdenas?
I thought that Juárez was the president." 15. "Juárez? Good Lord,
he died seventy-five years ago!"

Lesson Nine

EN CASA DEL PROFESOR

La noche siguiente, cuando Concha y Miguel llamaron a la puerta del profesor, éste salió a recibirlos. Pepe estaba allí con una chilena que se llamaba Edwards. Cuando le presentaron a Miguel, éste le preguntó:—¿Usted es de Chile y se llama Edwards?

—Sí, señor. Es lo que me preguntan todos. Edwards es un apellido 5 muy chileno y muy famoso en Chile, aunque es de origen inglés. Hay muchos apellidos ingleses e irlandeses en la historia de Chile, como Cochrane, Pratt, Simpson y Wilson; y no hay que olvidar que nuestro mayor héroe nacional es Bernardo O'Higgins.

—Mande usted. ¿Dijo usted O'Higgins? ¿Sin broma? 10

—Sí, hombre. Sin broma. Su propio apellido de usted es el de dos famosos novelistas sudamericanos: Benito Lynch de la Argentina, y Ciro Alegría Lynch del Perú.

—Pues estamos leyendo una novela de Ciro Alegría, pero yo no sabía que tenía el apellido de Lynch también. 15

El profesor, al oír esta conversación, les dijo:—Y no se olviden tampoco de Patricio Lynch, almirante de la marina chilena en el siglo pasado. Y si me acuerdo bien, había otra Lynch, muy amiga del dictador paraguayo, Francisco Solano López.

—¿Oyó usted eso, Concha?—le gritó Miguel, muy contento.—Pa- 20 rece que había otro Lynch muy amigo de los López.

—Dispense, hombre—dijo el profesor—no era amigo sino amiga, y más vale no hablar de ella ni de los López del Paraguay tampoco.

With this lesson, review Lesson 4.

—¿Por qué no?—preguntó Miguel.

25 —Porque él fué el peor de los dictadores paraguayos del siglo diez y
nueve. Tenía un ejército magnífico para entonces y una ambición
sin límite. En 1865 se declaró en guerra contra el Brasil, la Argentina
y el Uruguay, y durante cinco años trágicos el Paraguay luchó contra
esos tres vecinos poderosos. En el ejército paraguayo había desde
30 niños de doce años hasta viejos de setenta. Al cabo de cinco años, con
la derrota del Paraguay y la muerte de López, quedaron muy pocos
hombres sanos en el país. Todavía está muy atrasado a causa de la
miseria, la pobreza y la falta de hombres.

75. Demonstrative Adjectives

este, esta	this	estos, estas	these
ese, esa	that	esos, esas	those
aquel, aquella	that	aquellos, aquellas	those

Demonstrative adjectives agree in gender and number with the nouns
they modify: **este hombre, esta mujer,** etc. **Ese,** etc. refers to what is
near the person addressed, or associated with him. Elsewhere, **aquel,**
etc. is used.

76. Demonstrative Pronouns

A. Masculine and feminine demonstrative pronouns have a written
accent on the normally stressed syllable to distinguish them from the
adjective forms. **Éste** and **aquél** correspond to *the latter* and *the
former.* Note that the order of clauses is the opposite of the English
order.

esta casa y aquélla	this house and that one
Éstos son mejores que ésos.	These are better than those.
Pepe y su hermana llegaron; ésta tiene ocho años, aquél tiene diez.	Joe and his sister arrived; the former is ten, the latter is eight.

B. The neuter demonstrative pronouns, **esto, eso, aquello,** are used
in the singular to refer not to a specific noun but to something not yet
identified, or to a situation or idea. They correspond to *this* or *that,*
rather than to *this one* or *that one.*

| ¿Por qué dicen eso? | Why do they say that? |
| Mamá me dió esto. | Mother gave me this. |

C. The demonstrative pronoun **el (la, los, las)** is used before **de** to indicate possession, and before **que** to correspond to *the one, the ones, those.*

mi padre y el de Paco	my father and Frank's
Los de María no están aquí.	Mary's aren't here.
éstas y las que compré	these and the ones (those) that I bought

D. Lo is followed by **de** and a noun or adverb to make a vague reference. Followed by **que**, it corresponds to *what.* In questions and before infinitives, however, *what* is **qué.**

lo de Juan	the business (story) about John
lo de ayer	what happened yesterday
Lo que dicen es verdad.	What they say is true (the truth).
¿Qué dijeron?	What did they say?
No sé qué decirte.	I don't know what to tell you.

77. Interrogative and Exclamatory Words

A.
cómo	how	de quién	whose
cómo no	of course	(a) dónde	where
cuál, cuáles	which(one, ones)	por qué	why
		qué	what (a), which
cuándo	when	qué tal	how
cuánto, cuántos	how much, many	quién, quiénes	who, whom

B. Interrogative and exclamatory words have written accents in indirect as well as in direct questions and exclamations.

¿Cómo (Qué tal) va el libro?	How is the book going?
No sé adónde fueron.	I don't know where they went.
Dígame a quién quiere ver.	Tell me whom you want to see.

C. Qué corresponds to the adjectives *what* and *which* (1). As a pronoun, it means *what* (2), but with **ser** it is used only in asking for a definition or identification (3). The pronoun *which* is **cuál** (4), used also for *what*, with a predicate noun or pronoun, when the meaning *which* is implied (5).

1. ¿Qué silla prefiere Vd.?	What (Which) chair do you prefer?
2. ¿Qué haría Vd.?	What would you do?
3. ¿Qué es? ¿Qué es esto?	What is it? What's this?
¿Qué es un mango?	What is a mango?
4. ¿Cuál (de ellas) quiere?	Which one (of them) does he want?
5. ¿Cuál es éste?	What's this one? Which one is this?
¿Cuál es esa revista?	What (Which) is that magazine? What (Which) magazine is that?

D. Exclamatory **qué** means *what, what a, how*. When an adjective follows a noun with **qué, tan** or **más** is placed before the adjective.

¡Qué vida!	What a life!
¡Qué buen muchacho!	What a fine boy!
¡Qué flaco está el niño!	How skinny the child is!
¡Qué chistes más (tan) divertidos!	What amusing jokes!

WORDS AND PHRASES

78. Here and There

Aquí and **allí** are the basic words for location or destination. **Ahí** means *there*, near the person addressed. **Acá** means *hither, in this direction*. Its opposite is **allá,** which is also used for distant, vague location.

Yo fuí allí y él vino aquí.	I went there and he came here.
¿Qué tiene Vd. ahí?	What have you there (in your hand)?
Venga acá.	Come here (hither, toward me).
Allá va.	There he goes (in that direction).

más allá del río	beyond (on the other side of) the river
allá en las montañas	way off there (yonder) in the mountains

79. To Excuse, Pardon, Forgive

Con su permiso asks permission for what one is about to do, such as leave. **Dispense** is used when interrupting someone or asking for information. **Perdón** is used only when an injury has been done. **Mande** asks someone to repeat a remark.

Con su permiso.	Will you excuse me?
Dispense (Dispénseme).	Excuse me (Pardon me. I beg
¿Dónde está María?	your pardon). Where is Mary?
Perdón (Perdóneme Vd.).	Pardon me (Forgive me. I beg
¿Le hice daño?	your pardon). Did I hurt you?
Mande Vd. No oí lo que dijo.	Pardon me? (I beg your pardon. I'm sorry). I didn't hear what you said.

80. Llevar, quitar, tomar   *coger — to seize*

Llevar means *to carry, take (to a place), wear* (1). **Llevarse** means *to carry off, take away* (2). **Quitar a** means *to take from* or *off* (3). **Tomar** means *to take (up), pick up, seize* (4) and also *to have (something to eat or drink)* (5).

1. Voy a llevarlo a casa.	I'm going to take it (him) home.
Nunca llevo sombrero.	I never wear a hat.
2. ¿Quién se llevó mi libro?	Who took (carried off) my book?
3. Le quitaron el saco.	They took his coat from (off) him.
4. Tomen sus libros.	Take your books.
5. ¿Qué quiere Vd. tomar?	What will you have?
Tomo té con el almuerzo.	I have (take, drink) tea at lunch.

81. To Spend and to Waste

Distinguish between spending time (1) and money (2). To waste either is **perder** (3).

1. Pasamos una hora allí.	We spent (passed) an hour there.
He pasado la vida traba-jando.	I have spent my life working.
2. Gastó la mitad del dinero.	He spent half the money.
3. Perdiste tiempo y dinero.	You wasted time and money.

VERB REVIEW

82. Verbs with Spelling Changes

A. hard **c** sound: **ca, que, qui, co, cu**
soft **c** sound: **za, ce, ci, zo, zu**

hard **g** sound: **ga, gue, gui, go, gu**
soft g sound: **ja, ge, gi, jo, ju**

Since c and g are soft before e and i and hard elsewhere, and since z is not used before e and i and qu is used only before e and i, we must make certain changes in spelling as we conjugate verbs whose stem ends in c, z, qu, g, and gu. The spelling is changed so that the SOUND of the stem will not be changed. First conjugation verbs must change the spelling of the stem before all endings that begin with e: the first singular preterite and all six forms of the present subjunctive; second and third conjugation verbs before all endings that begin with o or a: the first singular present indicative and all six forms of the present subjunctive.

1. -car verbs change **c** to **qu** before **e:**
   sacar (to take out) PRET. **saqué** PRES. SUBJ. **saque,** etc.

2. -zar verbs change **z** to **c** before **e:**
   avanzar (to advance) PRET. **avancé** PRES. SUBJ. **avance,** etc.

3. -gar verbs change **g** to **gu** before **e:**
   pagar (to pay) PRET. **pagué** PRES. SUBJ. **pague,** etc.

4. -guar verbs change **gu** to **gü** before **e:**
   averiguar (to find out) PRET. **averigüé** PRES. SUBJ. **averigüe,** etc.

5. -ger and -gir verbs change **g** to **j** before **o** and **a:**
   coger (to catch) PRES. IND. **cojo** PRES. SUBJ. **coja,** etc.
   dirigir (to direct) PRES. IND. **dirijo** PRES. SUBJ. **dirija,** etc.

6. -guir verbs change **gu** to **g** before **o** and **a:**
   distinguir (to distinguish) PRES. IND. **distingo** PRES. SUBJ. **distinga**

7. Verbs ending in a consonant plus -cer or -cir change c to z before o
and a:

vencer (to conquer) PRES. IND. venzo PRES. SUBJ. venza, etc.

8. Most verbs ending in a vowel plus -cer or -cir change c to zc before
o and a:

conocer (to know) PRES. IND. conozco PRES. SUBJ. conozca, etc.
This is the only group where the SOUND of the stem changes.

B. In accordance with general rules of spelling (Section 120 A 4, 5),
the following changes must be made:

1. Second and third conjugation verbs whose stem ends in a strong
vowel (a,e,o) change unstressed i to y and add an accent to
stressed i:

creer (to believe) PRES. PART. creyendo PAST PART. creído
PRET. creí, creíste, creyó, creímos, creísteis, creyeron
IMP. SUBJ. creyera, etc. creyese, etc.

2. -uir verbs (except -guir) change unstressed i to y and also add y
to the stem in four forms of the present indicative and all six forms
of the present subjunctive:

huir (to flee)   PRES. PART. huyendo

PRES. IND.	huyo, huyes, huye, huimos, huis, huyen
PRES. SUBJ.	huya, huyas, huya, huyamos, huyáis, huyan
PRETERITE	huí, huiste, huyó, huimos, huisteis, huyeron
IMP. SUBJ.	huyera, etc. huyese, etc.

C. Some -iar and -uar verbs accent i and u as follows:

enviar (to send)

PRES. IND.	envío, envías, envía, enviamos, enviáis, envían
PRES. SUBJ.	envíe, envíes, envíe, enviemos, enviéis, envíen

continuar (to continue)

PRES. IND.	continúo, continúas, continúa, continuamos, continuáis, continúan
PRES. SUBJ.	continúe, continúes, continúe, continuemos, continuéis, continúen

EXERCISES

A. 1. ¿A dónde fueron Miguel y Concha? 2. ¿Quién estaba allí con una chilena? 3. ¿Quién es el héroe nacional de Chile? 4. ¿Quién es el héroe nacional de Venezuela? 5. ¿Quién es el héroe nacional de la Argentina? 6. ¿Qué novelistas famosos llevan el apellido de Lynch? 7. ¿Quién fué Francisco Solano López? 8. ¿Contra qué países se declaró en guerra el Paraguay en 1865? 9. ¿Cuánto tiempo duró la guerra? 10. ¿Cómo resultó la guerra para el Paraguay?

B. Give the first person singular present indicative, present subjunctive, and preterite of the following verbs, noting any spelling changes: atacar, cazar, pagar, distinguir, parecer, leer, enviar, huir, coger, dirigir, continuar.

C. Translate the English words: 1. ¿(What) es el libro? 2. No creo (that). 3. Me dió (about ten). 4. Ella fué (but I didn't). 5. Le di (those that) había hecho. 6. (On leaving) me dió una carta. 7. No estarán; (neither will I). 8. ¿(Whose) es el otro? 9. (Pardon me). ¿Es éste su libro? 10. Los invité, pero (they won't come).

D. 1. I don't know what to say to her. 2. my house and Joe's 3. There they go! 4. How tall Mary is! 5. What have you there in your hand? 6. Who took my pen? 7. I spent a day there. 8. How long did they study? 9. the last time that I saw her 10. Forgive me. I didn't know what you wanted.

E. Write: 1. "I wonder who that tall girl is, the one who is sitting beside Pepe," said Concha when she and Michael entered Professor Torres' living-room about eight o'clock. 2. "I don't know who she is," said he, "but I'll ask him." 3. "Don't waste your time. But what an ugly girl! 4. Where do you suppose he met such a girl?" 5. "In some history or literature class. Maybe Professor Molina's. 6. She looks to me like a literary girl. 7. Wait a minute, and I'll get you something to eat. 8. What will you have with your coffee?" 9. "I have it black, and without sugar." 10. "So do I. Do you want me to get you some candy?" 11. "No, thank you, it's very fattening. But try to find out who the girl is." 12. When Michael came back with the coffee, he said: "She's a Chilean girl, and her name is Consuelo Edwards. 13. She's talking to Joe about somebody named O'Higgins." 14. "O'Higgins? Why, he's the national hero of Chile!" 15. "No kidding? What a name for a Chilean hero!"

antes que always takes sub

Lesson Ten

CARLOTA

—Yo quisiera saber, Miguel—le dijo Concha, al salir los dos jóvenes para casa—quién es aquella chilena tan fea que estaba con Pepe.

—Pues se llama Edwards, como ya le dije, y éste es su primer año en la Universidad. No sé más que eso.

5 —Y se interesa mucho en ella nuestro amigo ¿no?—le preguntó Concha muy seria.

—No tanto como yo en ti—le contestó Miguel.—El profesor Torres nos dice que el tuteo se usa entre los amigos íntimos. ¿No te parece que debiéramos usarlo nosotros?

10 —Bueno, hombre ¿no le parece que nuestra amistad es un poco corta para eso?

—No cuando nos queremos tanto como yo te quiero a ti.

as you like me

—¿Conque me quiere?—le dijo Concha, entre seria y burlona.—¿Y todas aquellas amigas suyas? Me dice Pepe que usted es un Tenorio.

15 —¿Un Tenorio? ¿Qué es eso?

—Un don Juan.

—¿Yo? De ningún modo. Al contrario, desde tu llegada no me interesan las mujeres, o mejor dicho, las otras mujeres. No conozco a ninguna norteamericana que sea tan bonita como tú.

20 —Muchas gracias, don Juan. Te agradezco el piropo, aunque no lo creo. A propósito, me gusta mucho el profesor Torres. Es muy simpático, y habla bien. ¿Oíste lo que dijo de Juárez?

With this lesson, review Lesson 5.

—¿Juárez? ¿El que tenía la esposa loca?

—No, no. ¡Qué bruto eres! Juárez es el que hizo matar al que tenía
la esposa loca.   25

—¿Y por qué lo hizo matar?

—Bueno. Carlota fué la esposa de Maximiliano, que había venido a
ser emperador de México, invitado por un grupo pequeño, contra la
voluntad de la mayoría del pueblo mexicano. Juárez fué el presidente
legítimo, pero Maximiliano, ayudado por un ejército francés, derrotó 30
al ejército mexicano. Luego volvió a Francia el ejército francés, dejando sin amparo a Maximiliano. Carlota fué a Francia a rogarle a
Napoleón III que tuviera compasión de su esposo. Pero Napoleón se
había convencido de que el imperio mexicano estaba perdido sin
remedio, y se negó absolutamente a ayudar a Carlota. El desengaño 35
fué trágico para ella, y el miedo empezó a trastornarle el juicio. Huyendo a Roma, la pobre le pidió al Papa auxilio para su esposo y
protección para sí contra Napoleón. En 1867, antes que Maximiliano
fuera fusilado en México, ya se había vuelto completamente loca la
pobre Carlota. Ni siquiera sabía que su esposo había muerto. Vivió 40
loca y sin saber nada del mundo hasta 1927, creo que fué. ¡Qué vida
más trágica, la de los dos esposos! ¿Me has comprendido?

—Bastante bien, y aunque no lo comprendo todo, ya sabes que me
encanta mirarte cuando hablas.

83. Uses of the Prepositional Pronouns

A. Prepositional pronouns (Section 38) must be used after all prepositions except **a** (1). The indirect objects (*to me, to you*, etc.) are normally expressed by indirect object pronouns (**me, te, le**, etc.). Prepositional pronouns are used, IN ADDITION TO the normal direct and indirect object pronouns, for emphasis or clearness (2). They are used
INSTEAD OF the indirect object pronouns when there is no verb (3),
when the verb is a verb of motion (4), or when there is a direct object
pronoun of the first or second person (5).

1. Son para él y para ti.	They are for him and you.
¿Te acuerdas de ella?	Do you remember her?
Se despidió de nosotros.	He took leave of us.
Cuento con Vd.	I'm counting on you.

2. A él le gustan mucho.   HE likes them very much.
   Me habló a mí, no a Vd.   He spoke to me, not to you.
   Se lo di a ellos.   I gave it to them.
3. —¿A quién lo mandó?—A   "Whom did he send it to?" "To
   mí.   me."
4. Vino a mí y me lo dijo.   He came to me and told me.
5. ¿Te presentaron a ella?   Did they introduce you to her?

B. After prepositions, *it* is translated by **él** or **ella,** referring to a noun, and by the neuter **ello,** referring to an action or idea. **Ello** is used as subject only in the phrase **ello es que.**

¿Aquella casa? Nadie vive en   That house? No one lives in it.
ella.
Te doy este lápiz. No puedo   I'm giving you this pencil. I
escribir con él.   can't write with it.
¿Se fué? Me alegro de ello.   Did he leave? I'm glad of it.
Ello es que no tengo tiempo.   The fact is that I haven't time.

C. Reflexive prepositional pronouns (Section 38) differ from the other prepositional forms only in the third person, where **sí** is used. The preposition **con** and the pronouns **mí, ti,** and **sí** are joined in the special forms **conmigo, contigo, consigo.** In the third person it is only the reflexive **sí** that is used to form **consigo.** This reflexive use will be found mainly after **llevar** and **traer.**

Lo compré para mí.   I bought it for myself.
Él trabaja para sí.   He works for himself.
Comerán contigo y conmigo.   They will eat with you and me.
Estudia con él.   He studies with him.
Lo llevó (trajo) consigo.   He took (brought) it with him.

84. Cardinal Numbers

Of the cardinal numbers (Section 125 of the Appendix), only those ending in *one* and the plural hundreds show agreement in gender (1). Before a masculine noun, **uno** shortens to **un** (2). **Y** is used only between the tens and units columns. For the distinction between **cien** and **ciento,** see Section 55 B. Spanish counts in hundreds only through 900, then shifts to thousands and hundreds (3). **Mil** does not become plural when multiplied by another number (4), but only when used as an indefinite plural (5). Neither **cien(to)** or **mil** is preceded by the indefinite article (4). **Millón** is a masculine noun; it is preceded by the indefinite article in the singular, it is made plural, and **de** is used to connect it with a following noun (6).

1. mil doscientos uno   twelve hundred (and) one
  seiscientas una horas   six hundred and one hours
2. veinte y un años   twenty-one years
3. mil setecientos setenta y seis   1776
4. mil libros   a (one) thousand books
  cien mil hombres   100,000 men
5. miles (millares) de árboles   thousands of trees
6. un millón (dos millones) de dólares   one (two) million dollars

  un millón novecientos mil habitantes   1,900,000 inhabitants

85. Ordinal Numbers

primero,-a first   cuarto,-a fourth   octavo,-a eighth
segundo,-a second   quinto,-a fifth   noveno,-a ninth
tercero,-a third   sexto,-a sixth   décimo,-a tenth
     séptimo,-a seventh

The first ten of the ordinal numbers are used in general as in English (1). Above **décimo** they are almost always replaced by a construction using a cardinal number (2, 3). They agree with the noun modified, and generally precede it (1). With titles of royalty, the definite article is omitted before the number (3). Only **primero** is used with dates of the month; after that, cardinal numbers are used (4).

1. la primera vez   the first time
  el tercer hombre   the third man
2. la página quince   the fifteenth page (page fifteen)
  la calle cuarenta y dos   Forty-Second Street
3. Felipe Cuarto   Philip the Fourth
  Alfonso Trece   Alfonso the Thirteenth
4. el primero de enero   (on) the first of January, (on) January first

  el dos de mayo   (on) the second of May, (on) May second

86. Fractions

There are special words for the fractions *half* and *third* (1); from *fourth* through *tenth*, ordinals are used (2). Beyond *tenth*, **-avo** is added to the cardinal number (3). **Medio** is an adverb or an adjective, used in Spanish where English uses *a* or *one* with *half*. No article is used before **medio,** or before a noun used with it (4). **Mitad** is a feminine noun, used to indicate half of a SPECIFIC quantity. It must be preceded by **la** or some other limiting word, and followed by **de** before a noun (5).

1. un medio; dos tercios	one half; two thirds
2. un quinto; tres décimos	one fifth; three tenths
3. cuatro trece-avos	four thirteenths
4. media botella	a (one) half bottle, half a bottle
día y medio	one and a half days, a day and a half
dos horas y media	two hours and a half, two and a half hours
Estaban medio dormidos.	They were half asleep.
5. la mitad de esta botella	half this bottle
la mitad del año	one half of the year
la mitad de mis libros	half my books

WORDS AND PHRASES

87. Para and por

A. Para expresses destination, whether a person or a place (1); purpose or use (2); a limit of time (3); implied comparison (4).

1. ¿Qué hay para mí?	What is there for me?
Salió para el colegio.	He left for school.
2. Le escribo para saber si viene.	I'm writing him to (in order to) find out if he's coming.
una botella para leche	a milk bottle
3. Estaré ahí para el lunes.	I'll be there by Monday.
4. Es muy alto para su edad.	He's very tall for his age.

B. Por expresses place, often approximate (1); duration of time (2); agent (3); cause (4); *for the sake of, on behalf of* (5); payment or exchange (6); rate of time (7). After verbs of motion, it shows the person or thing sought (8).

1. por aquí	around here
por la calle	along (through) the street
2. por un día; por la noche	for a day; at (during the) night
3. Fueron hechos por papá.	They were made by my father.
4. Lo hizo por miedo.	He did it through (because of) fear.
No salí por estar ocupado.	I didn't go out because of being (because I was) busy.
5. ¡Por Dios!	For Heaven's sake!
Hizo mucho por mí.	He did a lot for me (for my sake).
6. No pagó nada por éste.	He didn't pay anything for this one.
7. tres veces por semana	three times a week
8. Iré por Isabel.	I'll go and get (call for) Elizabeth.
Vino por el pan.	He came for the bread.

C. Note the idiomatic meanings of **para** and **por** with **estar** (1). Distinguish carefully between the preposition *for* and the conjunction *for,* translated by **que** or, when cause is stressed, by **porque** (2).

1. Estamos para comprarlo.	We are about to buy it.
Estamos por comprarlo.	We are for (in favor of) buying it.
2. Cuidado, que está roto.	Be careful, for it's broken.
Me acosté temprano, porque estaba cansado.	I went to bed early, for (because) I was tired.

VERB REVIEW

88. conducir (to lead, conduct)

PRES. IND.	**conduzco,** conduces, conduce, conducimos, conducís, conducen
PRES. SUBJ.	**conduzca, conduzcas, conduzca, conduzcamos, conduzcáis, conduzcan**
PRETERITE	**conduje, condujiste, condujo, condujimos, condujisteis, condujeron**

All verbs ending in **-ducir** (**deducir,** deduce; **inducir,** induce; **producir,** produce; **traducir,** translate) are conjugated like **conducir: deduzco, induje,** etc.

89. jugar (to play)

PRES. IND.	**juego, juegas, juega,** jugamos, jugáis, **juegan**
PRES. SUBJ.	**juegue, juegues, juegue, juguemos, juguéis, jueguen**
PRETERITE	**jugué,** jugaste, jugó, jugamos, jugasteis, jugaron

90. reírse (to laugh)

PRES. PART.	**riéndose**　　　PAST PART. **reído**
PRES. IND.	**me río, te ríes, se ríe, nos reímos,** os reís, **se ríen**
PRES. SUBJ.	**me ría, te rías, se ría, nos riamos, os riais, se rían**
PRETERITE	**me reí, te reíste, se rió, nos reímos, os reísteis, se rieron**
FUTURE	**me reiré, te reirás, se reirá, nos reiremos, os reiréis, se reirán**
CONDITIONAL	**me reiría, te reirías, se reiría, nos reiríamos, os reiríais, se reirían**

Review also verbs with stem-changes (Section 43).

EXERCISES

A. 1. ¿Qué quería saber Concha? 2. ¿Por qué no le gustaba la chilena? 3. ¿En qué año vino la chilena a la universidad? 4. ¿Qué es el tuteo? 5. ¿Quiénes invitaron a Maximiliano a venir a México? 6. ¿Quién fué presidente de México entonces? 7. ¿Qué ejército ayudó a Maximiliano? 8. ¿Por qué fué a París Carlota? 9. ¿Qué pensó Carlota cuando fusilaron a su esposo? 10. ¿Hasta cuándo vivió ella?

B. *Change to the corresponding forms of the present subjunctive, imperfect indicative, preterite, imperfect subjunctive, future, and conditional:* 1. juego 2. conducen 3. se ríe 4. pierdes 5. duermen 6. pide 7. sentimos 8. saco 9. hacemos 10. eres 11. dais 12. ponen 13. vienes 14. sé 15. oye

C. *Replace the dash by para or por, and translate:* 1. Vino —por— ella.
2. un vaso —para— agua 3. Habla bien —por— un inglés. 4. Iba —por— la calle.
5. Te daré éste —por— aquél. 6. dos veces —por— día 7. Lo terminaré —para—
mañana. 8. Trajo cartas —para— Vd. 9. Salió —para— Caracas. 10. Durmió
—por— hora y media.

D. 1. He introduced us to her. 2. Is he at home? He is. 3. Who took
them from me? 4. I'm the one who left them here. 5. Did they
bring it with them? 6. I don't know. Ask him. 7. He bought it
for himself. 8. I went for a paper, but there weren't any. 9. I spent
a half hour with them. 10. I miss your letters. 11. He has fifteen
hundred dollars left, and I'm glad of it. 12. Give her half the
money, but don't give it all to her. 13. I don't want you to miss the
train. 14. He came to us on October 15, 1936. 15. We have to study
the tenth lesson for today.

E. *Write:* 1. In 1863, a group of Mexicans asked that Maximilian become Emperor of Mexico. 2. Maximilian thought that the whole
Mexican people had invited him. 3. But he was wrong, for their
true leader and president was Benito Juárez. 4. Juárez is one of
the great heroes of Mexican history. 5. But there were thousands
of Mexicans who preferred a foreign emperor to their own president. 6. Maximilian arrived in 1864 with a French army to protect him against the people he had come to govern. 7. Hundreds
and thousands of Mexican soldiers died, and the government of
Juárez lost three-fourths and then, nearly all the land of Mexico.
8. A year later, Napoleon III ordered his army to return to France.
9. He needed the army in Europe, and the United States had pro-
tested against the invasion of an American country. 10. In 1866,
Carlota, Maximilian's wife, left Mexico for Europe. 11. She knew
that only Napoleon could save her husband. 12. She went to him
and begged him to take pity on Maximilian, but he refused to
help him. 13. Carlota fled to Rome, half crazy, and there lost her
mind completely. 14. Meanwhile, in Mexico, the government had
captured and shot Maximilian in 1867. 15. Carlota lived for sixty
years after her husband's death, without knowing anything of it
or of the world.

REVIEW OF LESSONS 6–10

A. 1. ¿Cuántas ventanas tiene esta sala? 2. ¿Qué hace un camarero? 3. ¿Qué hay que hacer antes de salir de un restaurante? 4. ¿Qué es una viuda? 5. ¿Cuántos días hay en el año? 6. ¿En qué año empezó la Revolución mexicana? 7. ¿Cuánto tiempo hace que Vd. estudia español? 8. ¿Cuántas veces por semana hay clase de español? 9. ¿Qué es un abuelo? 10. ¿Cuál es su deporte favorito? 11. ¿Cuántas estaciones hay en el año? 12. ¿Quién es el héroe nacional de Chile? 13. ¿Entre quiénes se usa el tuteo? 14. ¿Cómo se llaman los miembros de un ejército? 15. ¿Cuántos millones de personas hay en los Estados Unidos? 16. ¿Cuántas lecciones hemos estudiado ya? 17. ¿Cuánto es un tercio de doce? 18. ¿Cuál de los meses tiene menos días? 19. ¿En qué estación del año hace más calor? 20. ¿Con qué escribe Vd.?

B. *Translate:* 1. he returns 2. I see 3. they brought 4. I flee 5. they send 6. dying 7. they heard 8. they led 9. don't fall! 10. I played 11. catch! 12. they have broken 13. bringing 14. I paid 15. they had written 16. they will know 17. having opened it 18. we used to see 19. I hear 20. we would have covered 21. he lost 22. I am worth 23. he laughed 24. he dressed 25. I know

C. *Translate the English words:* 1. No creía que (he would come). 2. (Man) no es inmortal. 3. (There were) dos niños allí. 4. Me alegro de que (you have done it). 5. Tienen mi libro y (Mary's). 6. (There has been) un accidente. 7. Me dieron (a hundred dollars). 8. Lo leyó (clearly and easily). 9. Más vale que Vd. (leave them). 10. (One must) trabajar cada día. 11. Te voy a dar (half the money). 12. Espero que (you gave it to her). 13. ¿(What) es esa novela? 14. Esta pluma es mejor que (the one I bought). 15. ¿Trajo Vd. (the right pen)? 16. La vi (after she arrived). 17. Llegaron (on June 2nd). 18. (They are supposed to) volver mañana. 19. Me dicen que (I ought to study) cada noche. 20. Vino (an hour and a half ago).

D. 1. Don't tell him. 2. Let's sit down. 3. Let Mary bring them. 4. I used to see her twice a week. 5. When did you get home? 6. It's so hot in the living-room. 7. Where did you get that? 8. Just then, we went to the right. 9. How long have you been waiting?

10. What do they think of it? 11. You're wasting your time.
12. Get me two water glasses. 13. What a long day! 14. We were thinking of you. 15. That's just what I said. 16. He asked me for them. 17. Won't you do it for my sake? 18. He has probably left them at home. 19. Take off your coat. 20. We were about to leave when he came in.

E. *Write:* 1. I had him bring the paper. 2. "Will you come with us?" "I wish I could!" 3. He became a lawyer in 1936. 4. We spent the long winter evenings at home. 5. What became of the one I brought? 6. What's the weather like? It's very cold and windy. 7. Excuse me, but I didn't hear what you just said. 8. I don't like these long, difficult lessons. 9. I never wear a hat when the sun is out. 10. He gave it to me because he couldn't write with it. 11. What will you have? I hope you're hungry. 12. I don't think he brought them with him. 13. He earned $12,850 in 1946. 14. He asked me to introduce him to her. 15. Madison Square is at 25th Street, isn't it? 16. There were thousands of children that hadn't enough to eat. 17. He said that he would do the work by Monday. 18. I must leave now, for I have a lot to do. 19. I want you to tell me whose they are. 20. We have been very busy since you came.

Lesson Eleven

UNA CARTA A VENEZUELA

25 de noviembre de 1947

MUY QUERIDO CARLITOS:

Siento mucho que haya tardado tanto en contestar tu buena carta. Por mucho que trabaje, se me escapa el tiempo sin saberlo yo. Si supieras qué ocupado estoy, me perdonarías. Te mando esta carta por correo aéreo porque he tardado tanto en escribirla.

5 Lo más importante, primero. Nuestro equipo de fútbol ha tenido toda una serie de victorias tremendas, venciendo a todos los rivales—todos, chico. Y Miguel ha jugado mejor que nunca. No hay nadie que haya jugado como él. Es el héroe de la Universidad y de todo el estado.

Por desgracia mía, los triunfos de Miguel no se han limitado al campo 10 de fútbol. Te acordarás que me pediste que fuera a presentarme a esa amiga tuya y de Mercedes, Concha López Moreno. Pues fuí a verla y me enamoré de ella locamente. Todo iba bien hasta que se presentó Miguel. A ése, lo que le falta en español le sobra en músculos y en fama futbolista, y tengo mucho miedo que Concha le quiera 15 más a él que a mí. Entretanto me estoy consolando con una chilenita, esperando despertar celos en Concha, pero con poco éxito. ¿Qué se puede hacer contra un héroe así?

Mi chilenita se llama Consuelo Edwards. Ha venido aquí a estudiar el periodismo, y es una chica inteligente y simpática, pero no hay 20 mujer que me guste como Concha.

With this lesson, review Lessons 6 and 1.

¿Qué tal siguen tus estudios legales? Ahora estoy trabajando mucho, tratando de olvidar a Concha. Sigo un curso de literatura argentina con el profesor Martínez de Buenos Aires, y estoy leyendo actualmente el "Facundo" del gran argentino, Domingo Faustino Sarmiento. ¿Lo conoces? Si no, debes leerlo. Es uno de los libros funda- 25 mentales de la literatura hispanoamericana y un cuadro magnífico de la vida argentina a mediados del siglo diez y nueve.

Pues, ya te he aburrido bastante con mis entusiasmos y mis fracasos. Te diré más cuando te escriba la próxima vez. Muchos recuerdos a ti y a Mercedes de   30

tu buen amigo
PEPE PANADERO

91. The Subjunctive in Adjective Clauses

The subjunctive must be used in clauses that depend on negative or indefinite nouns or pronouns. The main clause expresses denial, doubt, or search (1, 2). English often uses *may* or *might* to express the indefiniteness that Spanish obtains with the subjunctive (2). In the same way, *whatever* and *whoever* correspond to **lo que** and **el que** with the subjunctive (3). If the speaker KNOWS the person or thing sought, however, the indicative is used (4).

1. No encontré a nadie que la hubiera visto.

   I met no one who had seen her.

2. ¿Hay alguien que lo sepa?

   Is there anyone who knows (may know) it?

   Buscaba un libro que me gustara.

   I was looking for a book that I would (might) like.

3. Le mandaré lo que quiera.

   I'll send you what (whatever) you want.

   Daré un premio al que termine primero.

   I'll give a prize to the one who (to whoever) finishes first.

4. Encontré a alguien que la había visto.

   I met someone who had seen her.

   Busco un libro que estaba leyendo.

   I'm looking for a book that I was reading.

92. The Subjunctive in Adverb Clauses

A. a menos que unless
antes (de) que before
como si as if, as though
sin que without

con tal que provided that, as long as
para que so that, in order that

The subjunctive is always used in clauses introduced by the above conjunctions (1). If, however, the subordinate clause has the same subject as the main clause, Spanish prefers to use a prepositional phrase (2). Instead of **a menos que** with the subjunctive, Spanish usually has **si no** with the indicative (3).

1. Le hablé antes que saliera.
   Me quedaré con tal que vuelvas pronto.
   No hable Vd. como si yo tuviera la culpa.
   Se lo di para que lo leyera.

   Salió sin que yo lo viera.
2. Le hablé antes de salir.

   Lo compré para leerlo.

3. No me iré si no lo quiere (a menos que lo quiera).

I spoke to him before he left.
I'll stay provided that you come back soon.
Don't talk as though I were to blame.
I gave it to him so that he might read it.
He left without my seeing him.
I spoke to him before I left (before leaving).
I bought it so that I might read it (in order to read it).
I shan't go if you don't wish (unless you wish) me to.

B. The subjunctive must be used in clauses of time that are future with respect to the main verb (1), even though the main verb is past (2). When the clause indicates something which does or did occur, the indicative is used (3). Remember that **antes que** is ALWAYS followed by the subjunctive (A 1). Note the different translations of *whenever:* **cuando** to indicate a single indefinite time (1); **siempre que** to indicate repetition (3).

1. Se lo prestaré cuando venga.

   Me sentaré aquí mientras Vd. lo escriba.
2. Me dijo que me lo devolvería en cuanto lo leyera.

I'll lend it to him when (whenever) he comes.
I'll sit here while you write it.
He told me he would return it to me as soon as he read it.

3. Lo veo siempre que viene.   I see him whenever he comes.
   Me quedé hasta que vol-   I stayed until they returned.
   vieron.

C. aunque although,   **de manera que** so that, in such a way that
              even if   **de modo que** so that, in such a way that
   como as   **(a) donde** where

Clauses introduced by the above conjunctions are in the subjunctive
when they are indefinite (unknown or future) (1), but in the indicative when they state something clearly known (2). Note the different
translations of *so that:* **para que** to show purpose (A 1) and **de modo
(manera) que** to show manner (C 1).

1. Dijo que iría aunque le ma-   He said he would go even if they
   taran.   killed him.
   Haga Vd. como quiera.   Do as you wish.
   Escríbalo de modo que ella   Write it so that she can read it.
   pueda leerlo.
   Lo seguiría a donde fuera.   I'd follow him wherever he
                                 went.

2. Entré, aunque nadie estaba   I went in, although nobody was
   allí.   there.
   Vd. hará como yo quiero.   You will do as I wish.
   Lo he escrito de modo que   I have written it so that every-
   todos podrán leerlo.   one can read it.

D. Por . . . que, with adjectives and adverbs, corresponds to *whatever, no matter how, it makes no difference how,* etc. The subjunctive
is used to stress the uncertainty.

Por (muy) rica que sea, no me   However (No matter how) rich
   gusta.   she is (may be), I don't like
                                 her.

Por más (Por mucho) que haya   It makes no difference what he
   dicho, no le creo.   has said (Whatever he may
                                 have said), I don't believe
                                 him.

93. The Subjunctive in Main Clauses

We have already seen, in Section 44, that the present subjunctive is
used in commands. The **-ra** form of the imperfect subjunctive of **de-**

ber, poder, and querer is used, instead of the conditional tense, to express a softened assertion or request. The distinction between the last two sentences below is not one of time, but of degree of politeness. Note especially the translations of *wish*.

Vd. no debiera hacer eso.	You shouldn't (oughtn't to) do that.
¿Pudiera Vd. hablarles?	Could you speak to them?
Quisiera comprarlo.	I should like to buy it.
Quisiera que se quedaran.	I wish they would stay.
Quiero que se queden.	I wish them to stay.

94. Conditional Sentences

When the "result" clause of a conditional sentence is in the conditional or conditional perfect tense, the "if" clause must be in the imperfect or pluperfect subjunctive. This is the only use of the subjunctive after **si** (1). In all other types of conditional sentence, the indicative is used in both clauses (2).

1. Si lo tuviera, lo leería.
   La habría visto si hubiera entrado.
2. Lo compraré si me gusta.
   Si lo trajiste ¿dónde está?
   Si la veía, le hablaba.

If I had it, I would read it.
I would have seen her if she had come in.
I shall buy it if I like it.
If you brought it, where is it?
If I saw her, I spoke to her.

WORDS AND PHRASES

95. Pequeño and poco

Pequeño is an adjective referring to size, sometimes used as a noun (1). **Poco** refers to quantity. It is usually an adverb or an adjective (2), but *a little* is the pronoun **un poco,** followed by de before a noun (3). **Poco,** modifying an adjective, corresponds to the prefix *un-* (4), but this prefix with a past participle corresponds to the preposition **sin** with an infinitive (5). **Poco** is also used in adverbial and prepositional phrases (6). Note that the present tense must be used with **por poco** (7).

1. una caja pequeña	a little (small) box
el pequeño	the little one, little boy
2. unos (unos pocos) amigos	a few friends
poca suerte y pocos amigos	little luck and few friends
Ella sabe poco.	She knows little.
3. un poco (poquito) de suerte	a little (little bit of) luck
He viajado un poco.	I have travelled a little.
4. un día poco interesante	an uninteresting day
5. una carta sin abrir	an unopened letter
6. poco a poco	little by little
A poco vino un guardia.	Soon afterwards a policeman came.
a poco de salir	soon after leaving
7. Por poco me caigo.	I almost fall (fell).

VERB REVIEW

96. andar (to walk)

PRETERITE   anduve, anduviste, anduvo, anduvimos, anduvisteis, anduvieron

97. asir (to seize)

PRES. IND.   asgo, ases, ase, asimos, asís, asen
PRES. SUBJ.   asga, asgas, asga, asgamos, asgáis, asgan

Review also **dar, decir, ir** (Lesson I), **saber, traer, ver** (Lesson 6), and Appendix, Section 123 A, B, C, E.

EXERCISES

A. 1. ¿Por qué ha tardado tanto Pepe en contestar a Carlos? 2. ¿Cómo manda la carta? 3. ¿Cómo ha salido el equipo de fútbol? 4. ¿Qué otro triunfo ha tenido Miguel, según Pepe? 5. ¿Con quién se está consolando Pepe? 6. ¿Qué espera despertar en Concha? 7. ¿Qué dice Pepe de Consuelo? 8. ¿Cuál le gusta más, Consuelo o Concha? 9. ¿Qué literatura está estudiando Pepe? 10. ¿Qué libro le recomienda a Carlos?

B. *Give, for each verb, the present participle and the required form of the present indicative, present subjunctive, preterite, imperfect subjunctive, future, and conditional:* 1. yo (saber) 2. ellos (andar) 3. yo (asir) 4. Vds. (traer) 5. ella (venir) 6. nosotros (ir) 7. tú (dar) 8. nosotros (venir) 9. ellos (decir) 10. él (dar)

C. *Translate the English words:* 1. Salí aunque (it was raining). 2. Si yo (had known that), no habría venido. 3. Es posible que (he'll come). 4. Hay alguien que (wants to see you). 5. Volví antes que (they finished). 6. ¿Tienes un periódico que (I can read)? 7. Les daré (whatever I have). 8. Me quedé hasta que (she came in). 9. Lo leeré si (he has brought it). 10. Lo miraré mientras (I am) allí.

D. 1. I found out that she had become very ill. 2. Please get me a little water. 3. Let him bring the whole class, then. 4. He says he won't leave them unless you pay him. 5. We would see them each day as they went to school. 6. I almost lost them. 7. Well, I wish you would sit down. 8. Little by little, he became famous. 9. I got a letter and then a telegram. 10. I told her all I knew.

E. *Write:* 1. Dear Charlie: I am very sorry that I have delayed so long in answering your letter. 2. No matter how much I may work, I always have too much to do. 3. Every day, I think I will write you as soon as I have a free moment. 4. But midnight comes before I know it, and there is still a lot of work unfinished. 5. Really, there's no one who works more than I, although you may not think so. 6. But after seeing the football game against Central College last Saturday, which we won forty-two to nothing, I had to send you the good news. 7. Captain Lynch and the whole team have played very well in every game. 8. I wish you had been here to see them! 9. Michael has had a great deal of success this fall, and not only in football. 10. We are both in love with your friend Concha but, however much I love her, I fear that she prefers Michael. 11. Whenever I see her, she looks at me as if I were a stranger. 12. I have tried to find another girl that I like as much as Concha. 13. But there's no one that interests me, except a Chilean girl named Edwards. 14. If Concha knew how much I loved her, she would perhaps take pity on me. 15. But I fear that there is no hope for

Your poor friend, Pepe

Lesson Twelve

CONCHA LO EXPLICA TODO

—Dime, Concha—le preguntó Miguel una tarde—¿qué es eso de "quemar las naves"? Lo vi en mi libro de español y le pregunté al profesor lo que quería decir. Me contestó algo que no oí bien. ¿Quieres explicármelo?

—Con mucho gusto. ¿Sabes quién fué Hernán Cortés? 5

—Claro. Es el que conquistó a México.

—Eso es. Pues cuando llegaron Cortés y sus pocos soldados a México en 1519, tuvieron éxito al principio. Derrotaron a los primeros indios que encontraron, se aliaron con otros indios, y parecía que todo iba bien. Pero ya estaban cansados y temerosos muchos de los soldados. 10 Querían volver a Cuba. Tenían miedo de lo que les esperaba más adelante; lo mismo pasó con los marineros de Colón ¿te acuerdas?

—Sí. Me acuerdo muy bien de eso.

—Pues, en ese momento, uno de los momentos más emocionantes de la historia americana, Cortés mandó quemar todas las naves allí en 15 la costa de aquella tierra hostil y desconocida. Ya no había posibilidad de huir. Habría que seguir adelante, derrotar a los enemigos conocidos y desconocidos, conquistar el país para construir luego las naves en que volverían triunfantes a Cuba. Por eso es que "quemar las naves" significa hacer una decisión heroica e irrevocable. 20

—Muy bien explicado, Concha, y muchísimas gracias. Debo parecerte algo estúpido con tantas preguntas, pero tengo una más. ¿Quieres decirme por qué se habla portugués en el Brasil, mientras los demás

---

With this lesson, review Lessons 7 and 2.

pueblos de la América latina, menos Haití, hablan español? ¿Qué
25 pasó para que el Brasil saliera hablando portugués?

—Eso es cuestión de geografía y de longitud, nada más. Ya sabes que
España y Portugal eran los dos países más famosos en las exploraciones
de fines del siglo quince; España en el oeste, Portugal en África y en
Asia. Había mucha rivalidad entre las dos naciones, y en 1493 pi-
30 dieron que el Papa Alejandro VI dividiera el mundo desconocido en
dos partes, estableciendo una línea y reservando para España todo el
territorio al oeste de la línea, y para Portugal todo lo que estaba al
este. No se sabía entonces que una parte de Sud América se extendía
al este de la línea. Pero cuando en 1500 llegaron a la costa del Brasil
35 los exploradores portugueses, establecieron una colonia allí, y desde
entonces el país más grande de Sud América habla portugués y no
español. Y ahora ¿hay más preguntas?

—Bueno, sí. Hay una más, los diminutivos. Yo comprendo que un
librito es un libro pequeño, pero he oído o leído cosas como "ahorita"
40 y "nadita," y no comprendo lo que significan.

—Pues, esa preguntita la vamos a dejar para mañana, con tu permiso, como tengo un poquito de química que preparar. ¿Está bien?
Adiosito, pues, y hasta mañana a las dos.

—No, mejor a la una, porque vas a almorzar conmigo.

45 —Muy bien, y muchas gracias. Te espero a la una.

98. Comparison of Adjectives and Adverbs

A. Spanish makes no distinction between the comparative (*taller,
more amusing*) and the superlative (*tallest, most amusing*) (1). After
a comparison, Spanish does not repeat the verb (2). **Mejor** and **peor**
are used as adverbs (3), and as adjectives, they are the only superlatives
that regularly precede the noun. Note that the adjective phrase that
follows a superlative, like most other adjective phrases in Spanish, is
introduced by **de** (4).

1. los niños más altos	the taller (tallest) children
las historias más divertidas	the more (most) amusing stories
la novela menos cara	the less (least) expensive novel
2. Trabajan (mucho) más aprisa	They work (much) faster than I
que yo.	(do).

3. ¿Quién habló mejor?   Who spoke better (the best)?
   Leí mejor (peor) que él.   I read better (worse) than he
                                 (did).
4. Lo mejor (peor) es que no   The best (worst) of it is that he
   vino.   didn't come.
   Es la mejor (peor) tienda de It's the best (worst) store in the
   la ciudad.   city.

B. Grande and pequeño are compared regularly when they refer to size, but referring to age or importance, Spanish uses **mayor** (*older, oldest, greater, greatest*) and **menor** (*younger, youngest, lesser, least*).

mi hermana más grande	my bigger (biggest) sister
mi hermana mayor	my older (oldest) sister
Luis es más pequeño que Pablo.	Louis is smaller than Paul.
Luis es menor que Pablo.	Louis is younger than Paul.
el hombre más grande del pueblo	the largest man in the town
el mayor hombre del pueblo	the greatest (most important) man in the town
al menor pretexto	on the least excuse

C. *Than* is normally translated by **que** (1). But when the comparison is between two quantities, **de** must be used (2–4). If the second quantity is a noun or adjective, **de** alone is used (2). If it is a clause, **de** must be followed by some form of **el que** (3, 4). If there is a direct reference to the noun being compared, the article agrees with the noun (3). If there is no noun, or no direct reference to the noun, the article is neuter (4).

1. Trajo más que ayer (más que   He brought more than yesterday
   yo).   (more than I did).
2. Trajo más de ocho.   He brought more than eight.
3. Trajo más libros de los que   He brought more books than
   necesitaba.   (the books that) he needed.
   Gasta más dinero del que   He spends more money than
   gana.   (the money that) he earns.
4. Gasto más de lo que gano.   I spend more than (what) I earn.
   Trajo más libros de lo que   He brought more books than
   creíamos.   (what) we thought.

D. Spanish comparisons are completed not by indefinite words, but by negatives (1). **Cada vez,** followed by a comparative, means *more and more, less and less,* etc. (2). *Most,* meaning *majority,* is translated by **la mayoría, la mayor parte, los (las) más** (3), with **de** and the definite article before a following noun. Note that if the noun is plural, the verb is also plural (4).

1. Sabes menos que nadie.   You know less than anyone.
    mejor que nunca   better than ever
    más que nada   more than anything
2. cada vez más rico   richer and richer
    cada vez menos interesante   less and less interesting
    Esto se pone cada vez peor.   This is getting worse and worse.
3. La mayoría está cansada. Los   Most of them are tired.
    más están cansados.
4. La mayor parte de las revistas   Most (of the) magazines are
    son baratas.   cheap.

99. The Absolute Superlative

The ending **-ísimo,** added to an adjective or adverb (which drops a final vowel), corresponds to a stressed *very* or to *extremely;* it is somewhat more emphatic than **muy** (1). Since **mucho** may NOT be modified by an adverb, *very much* is either **mucho** or **muchísimo** (2). *Very,* when standing alone in answer to a question, is **mucho** (3).

1. un accidente gravísimo   a very (an extremely) serious ac-
                                          cident

    una historia rarísima   a very (a most) peculiar story
2. Me gustan muchísimo.   I like them very much.
3. —¿Está enojado?—Sí, mu-   "Is he angry?" "Yes, very."
    cho.

100. Comparison of Equality

Tan . . . como translates *as . . . as* (1). **Tan** alone translates the comparative *so* (2). *As (so) much* or *many* is **tanto,** etc. (3). Correlative comparisons are expressed by **cuanto más (menos) . . . tanto más (menos). Tanto** is often omitted from the second term (4).

1. Soy casi tan alto como tú.	I'm almost as tall as you (are).
2. Mis amigos son tan amables.	My friends are so kind.
3. He escrito tantas cartas como él.	I've written as many letters as he (has).
Tiene tantos vestidos.	She has so many dresses.
4. Cuanto más estudio, (tanto) menos sé.	The more I study, the less I know.

101. Translations of the English Present Participle or Gerund

For verbal nouns (subject, direct object, object of preposition), Spanish uses the infinitive (1). For the participial adjective, Spanish uses a special adjective form (2) or, when there is none, an adjective clause (3). The Spanish present participle, which is invariable, is used ONLY as adverb, always with active verbal force (4). Without a preposition, it may correspond to *by* with the present participle (5). *On* or *upon* with the present participle, however, is **al** with the infinitive (6). The state which FOLLOWS an action is expressed in Spanish by the PAST participle (7).

1. El andar es muy saludable.	Walking is very healthful.
antes de acostarse	before going to bed
2. una niña encantadora	a charming girl
agua corriente	running water
el año siguiente	the following year
3. el tren que sale	the departing train
los niños que lloran	the crying children
4. Alguien estaba llorando.	Someone was crying.
Sentándome, abrí la caja.	Sitting down, I opened the box.
5. Saliendo ahora, llegarás a la una.	By leaving (If you leave) now, you will arrive at one.
6. al abrir la puerta	on (upon) opening the door
7. Estábamos sentados aquí.	We were sitting here.
Había un niño tendido allí.	There was a boy lying there.

WORDS AND PHRASES

102. As, So, Such

A. Distinguish carefully between comparative *as . . . as* (Section

100) and *as* expressing cause (1), duration of time (2), or a moment of time (3).

1. Como te gustan, te los doy.	As (Since) you like them, I'll give them to you.
2. Escuchaba mientras cosía.	She would listen as (while) she sewed.
3. Al entrar, los vi.	As I entered (On entering), I saw them.

B. Comparative *so* is **tan, tanto** (Section 100). With verbs of opinion, *so* is **que sí** (1). To express cause, Spanish uses **y** (unemphatic) (2) and **por eso** or **así es que** (more emphatic) (3). To introduce a question, **conque** or **y** is used (4).

1. Espero que sí.	I hope so.
2. Me gustaron, y los compré.	I liked them, so I bought them.
3. No los tengo, por eso no se los puedo dar.	I haven't them, so (therefore) I can't give them to you.
Así es que fuí a verla.	(And) so I went to see her.
4. ¿Conque no vienes?	So you're not coming?
¿Y qué?	So what?
¿Y adónde fué?	So where did she go?

C. The adjective *such* (*a*) is **tal** (1); the adverb *such,* modifying an adjective, is **tan** (2).

1. tal viaje	such a trip
2. un viaje tan largo	such a long trip (a trip so long)

VERB REVIEW

Review **estar, ser, tener** (Lesson 2), **caber, caer, oír, valer** (Lesson 7), and irregular present participles (Appendix, Section 123 F).

EXERCISES

A. 1. ¿Quién fué Cortés? 2. ¿A dónde querían volver sus soldados? 3. ¿Por qué no querían avanzar? 4. ¿Qué hizo Cortés con sus naves? 5. ¿Qué significa ahora la frase "quemar las naves"? 6. ¿Cuáles son los dos países latinoamericanos donde no se habla español?

7. ¿Cómo resultó que en el Brasil se habla portugués? 8. ¿Quién estableció la línea de división en 1493? 9. ¿Qué no se sabía entonces? 10. ¿En qué año llegaron los exploradores a la costa del Brasil?

B. *Give the following verb forms:* 1. saying 2. we used to be 3. they will have 4. laughing 5. he fell 6. hearing 7. it didn't fit 8. I hear 9. coming 10. we shall be 11. saying 12. they have 13. sleeping 14. don't fall 15. going 16. I am worth 17. feeling 18. he heard 19. falling 20. reading

C. *Replace the dash with the proper form of ser, estar, tener, haber, or hacer:* 1. Yo — ganas de verlo. 2. ¿De dónde — Vd.? 3. ¿Qué tiempo — ? 4. — mucho polvo. 5. — imposible hacerlo. 6. Juan — frío y hambre. 7. El libro — abierto. 8. Ella — ocupada. 9. — viento hoy. 10. El traje — de lana.

D. 1. my oldest son 2. He bought more flowers than I wanted. 3. He said so as we went in. 4. That's just what I think. 5. the entering students 6. Is she ill? Yes, very. 7. He took the wrong street. 8. I have just seen them. 9. They were sitting in front of us. 10. my first straw hat

E. *Write:* 1. Most of the time, I do my work as well as the other students do. 2. But at times I'm afraid that I'm the worst student in the class. 3. The reading is becoming more and more difficult for me. 4. I study more than ever, but the more I work, the less I understand. 5. Spanish is harder than I thought at first. 6. I was told that it was such an easy language! 7. But I have to spend more than three hours a day studying it. 8. By getting up early, and by leaving myself just a half-hour for meals, I can do all my lessons each day. 9. The worst of it is that the better students in the class do so little work, and get better grades than I do. 10. The most intelligent girl, who is better than anyone, spends only an hour a day on her Spanish. 11. So she doesn't understand why most students have to work so hard. 12. She is from Mexico, so Spanish is extremely easy for her. 13. It doesn't seem fair to me that she has such an advantage. 14. Just as we were leaving class today, Professor Torres told me to see him this afternoon. 15. I'm afraid this means that I have flunked another exam, but I hope not!

Lesson Thirteen

LOS DIMINUTIVOS

—¿Conque quieres que te explique el uso de los diminutivos?—le dijo
Concha a Miguel la próxima vez que se vieron.

—Sí, y sobre todo cómo pasa que hay diminutivos de adverbios. Eso
sí que me parece loco.

5 —Para comprender eso, hay que ir paso a pasito. Como se usan diminutivos para hablar a los niños, diciéndoles "niñito, chiquito, hijito, amiguito," estas terminaciones llegan a tener un significado de
cariño e intimidad. Así, cuando se dice "viejito" se quiere decir no
sólo un viejo pequeño sino un viejo simpático. Lo mismo pasa con
10 los nombres: llamamos Juanito, Carlitos, Miguelito, Anita, no sólo
a las personas jóvenes, sino a los amigos íntimos.

—¿Y por qué no me llamas Miguelito, pues?

—Si quieres, en adelante te llamo Miguelito, y con mucho gusto. Y
tú, en vez de decirle "vida mía" a una amiguita tuya, le puedes decir
15 "vidita mía," lo que da más intimidad.

—Me acordaré de eso. Me será muy útil.

—Y ahora viene lo que es para mí lo más interesante en estos diminutivos. Muchas veces tienen un significado enfático. Así, por ejemplo,
se llama "nuevecito" lo que es muy nuevo, lo que se acaba de com-
20 prar; "agua fresquita" significa "agua muy fresca y muy sabrosa"; "todito," que se usa con mucha frecuencia, es más enfático que "todo,"
y "nadita" es más negativo que "nada." Lo mismo pasa con "prontito,
clarito, igualito," y muchos más. Hay que escucharlos con mucha aten-
ción y aprenderlos, porque añaden mucho color a la lengua.

With this lesson, review Lessons 8 and 3.

—Muchas gracias, de nuevo, Conchita, por todo lo que me estás en- 25
señando de tu hermosa lengua. Y ahora, si no estás demasiado cansada,
te quiero hacer otra preguntita.

—Muy bien. ¿Cuál es?

—Es sobre El Dorado. Ya sé que quiere decir algo que se busca sin
hallar y que la frase originó en los tiempos de los conquistadores. Lo 30
que no sé es el origen de la frase.

—Creo que eso empezó en Venezuela o en Colombia. Los conquistadores, como ya sabes, andaban buscando oro, y a veces eran bastante
crueles para con los indios que encontraban en su busca. Estos indios,
para librarse de los blancos, inventaron un reino donde había mu- 35
chísimo oro, tanto que el rey se cubría de oro de pies a cabeza. Este
rey era El Dorado. Su reino, según los indios, siempre estaba muy lejos,
más allá de las montañas. Los españoles, buscando el reino imaginario
de El Dorado, seguían siempre adelante, penetrando por todito el
norte de Sud América y creando una leyenda que dura hasta el siglo 40
veinte. Y ahora sí que tengo que correr. Hasta lueguito.

—Adiosito, vidita mía.

103. Reflexive Pronouns and Verbs

A. Reflexive pronouns are listed in Section 38. The reflexive idea,
which may be expressed or understood in English, is ALWAYS expressed in Spanish (1). Many Spanish reflexive verbs correspond to
English verbs with little or no reflexive meaning (2). Reflexive pronouns are sometimes used with the definite article where English has
a possessive adjective (3). Some very common Spanish verbs change in
meaning when used reflexively: **dormirse** (*to go to sleep*), **irse** (*to go
away, leave*), **levantarse** (*to get up*), **llevarse** (*to carry off*), **ponerse** (*to
put on, become*), **volverse** (*to turn around*).

1. Voy a bañarme a las seis.   I'm going to bathe (myself) at
   six.
   La puerta se abrió.   The door opened (itself).
2. Nos acercamos a la casa.   We approached the house.
   No me acuerdo de eso.   I don't remember that.
3. Se lavaron la cara.   They washed their faces.

B. Spanish reflexive pronouns are used reciprocally as direct and indirect object. Elsewhere, the reciprocal idea is expressed by **uno . . . otro,** etc.

Nos veremos otra vez.
We'll see one another again.

Se escribieron cada día.
They wrote to each other every day.

Siempre están hablando uno de otro.
They are always talking about each other.

104. The Passive Voice

The passive voice is formed by **ser** and the past participle, which agrees with the subject, expressed or understood. The passive is much less frequent in Spanish than in English. It is restricted to actions with an expressed agent (1), or to actions that leave a tangible or visible effect (2). *By* is usually **por** (1), but **de** is used with verbs of emotion (3).

1. Esta novela fué escrita por Benito Lynch.
This novel was written by Benito Lynch.

  Serán plantados por Luis.
They will be planted by Louis.

2. Mi tío fué herido ayer.
My uncle was wounded yesterday.

  Otra silla fué rota hoy.
Another chair was broken today.

3. Es temida de todos.
She is feared by everyone.

  Era muy admirado de sus amigos.
He was very much admired by his friends.

105. Substitutes for the Passive Voice

A. With a THING as subject, Spanish frequently uses a reflexive construction where English uses the passive.

Se vende carne aquí.
Meat is sold here.

Se escribió en 1910.
It was written in 1910.

B. With a PERSON as subject, the normal reflexive construction would be misleading (*they saw themselves* for *they were seen*, etc.), and a substitute reflexive construction is used. The English subject becomes the object of a reflexive verb in the third person singular, and the reflexive pronoun has the function of an indefinite subject, like *one*.

Se les (las) vió anoche.	They were seen (One saw them) last night.
Se le hizo presidente a Pepe.	Joe was made president.
Se la siguió a María.	Mary was followed.

C. A reflexive verb in the third person singular corresponds to the indefinite subjects *one, people, they, you*. (1). **Uno** is used for an indefinite subject with a verb that is already reflexive (2).

1. Se dice que se ha ido.	People (They) say (It is said) that he has gone.
¿Se puede entrar?	May one come in?
¿Cómo se abre esto?	How do you (does one) open this?
2. ¿Dónde se sienta uno?	Where does one (do people) sit?
Uno no debe quejarse.	One shouldn't complain.

D. An active verb in the third person plural is a frequent substitute for the passive, or for the reflexive constructions in A, B, C.

¿Hablan español allí?	Is Spanish spoken (Do they speak Spanish) there?
Me dicen que se fué.	I am told (They tell me) that he left.
Le dieron un regalo.	She was given (They gave her) a present.

E. One of the uses of the passive voice is to stress the agent, which follows the verb. Spanish, with its flexible word order, can get this stress merely by using the active voice, putting the object before the verb and the subject after it. For the redundant pronoun needed in this construction, see Section 40 C.

Éste lo pintó mi tía.	This one was painted by my aunt.
Las otras las comprará Pepe.	The others will be bought by Joe.

106. Estar with the Past Participle

To express a condition that is the RESULT of an action, Spanish uses
estar with the past participle, and **de** is used for *by*.

Está muy bien escrita.	It is very well written.
La puerta estaba cerrada.	The door was closed.
La casa estaba rodeada de árboles.	The house was surrounded by trees.

WORDS AND PHRASES

107. Mismo

When **mismo** precedes a noun, its primary meaning is *same* (1). Following a noun or pronoun, it has more emphatic, intensive meanings
(2–4). Distinguish the intensive *myself*, etc. from the reflexive pronouns, and note that **mismo** comes immediately after the word it
modifies (3, 4). **Lo mismo** refers to an action, statement, or idea (5).
Mismo may be used to intensify adverbs (6).

1. Vinieron el mismo día.	They came the same day.
2. Es la pluma misma que me quitaron.	It's the very (very same) pen they took from me.
3. La profesora misma no lo sabe.	The teacher herself (Even the teacher) doesn't know.
4. Yo mismo lo haré. Lo haré yo mismo.	I myself shall do it. I shall do it myself.
5. Elena dijo lo mismo. Yo haría lo mismo que tú.	Helen said the same (thing). I would do the same as you.
6. aquí mismo; hoy mismo	right here; this very day

108. Emphatic sí and si

Sí or **sí que** is frequently used to emphasize verbs and other parts of
speech, especially in conversation (1). **Si**, at the beginning of a statement, gives it a tone of startled protest (2).

1. ¡Sí que me gustan!	I DO like them! (Sure I like them!)
¡Ahora sí que viene!	NOW he's coming!

¡Eso sí que es!	THAT's it!
2. ¡Si yo los vi ayer!	But I saw them yesterday!
¡Si ya sé eso!	Why, I know that already!

109. Diminutive and Augmentative Endings

Diminutive endings are very common in Spain and Spanish America, especially in conversation. They are added usually to nouns or to adjectives used as nouns, and indicate primarily small size (1), but they have a wide range of additional meanings: affection, sympathy, informality (2). They are sometimes added to other adjectives, adverbs, and exclamations (3). The -ito endings are by far the commonest, although -illo is frequent. Most nouns of two or more syllables ending in -o or -a drop this letter and add -ito or -ita. Other endings should be learned by observation. The augmentative endings indicate large size, and often clumsiness (4).

1. **casita** little house, cottage	**puertecilla** little door
librito little book, booklet	**caminito** little road, path
2. **hijito,-a** sonny, girlie	**Juanito** Johnny, Jack
amiguito,-a pal, chum	**Carlitos** Charlie
pobrecito,-a poor guy (girl)	**Isabelita** Beth, Betty
3. **ahorita** right away	**adiosito** by-by
tempranito bright and early	**solito,-a** all alone
4. **hombrón** big man, bruiser	**sillón** big chair, easy chair

VERB REVIEW

Review **hacer, poder, poner** (Lesson 3), **haber** (Lesson 8), the compound tenses (Appendix, Section 122) and the irregular past participles (Section 123 G).

EXERCISES

A. 1. ¿Qué quiere Miguel que le explique Concha? 2. ¿Qué le parece loco? 3. ¿Qué significa "viejito"? 4. ¿Cuáles son los diminutivos de Juan y de Carlos? 5. ¿Qué quiere Miguel que le llame Concha? 6. ¿Cómo se debe llamar a las amigas? 7. ¿Qué quiere decir "El

Dorado"? 8. ¿Dónde originó la frase? 9. ¿Qué buscaban los conquistadores? 10. ¿Qué decían los indios sobre el reino más allá de
las montañas?

B. *Change to the corresponding form of the present subjunctive, preterite, imperfect subjunctive, future, and pluperfect indicative:*
1. hace 2. puedo 3. ven 4. ponemos 5. ha 6. abrimos 7. muere
8. hablas 9. somos 10. estoy

C. *Translate the English words:* 1. Me dice que la puerta (is closed).
2. Hace un mes que (he has been ill). 3. (One must) escuchar al
profesor. 4. Puedo (dress) en diez minutos. 5. ¿A qué hora (does
one get up)? 6. La vimos (last Tuesday). 7. No puedes entrar
(without a ticket). 8. (I like) los otros. 9. Ella (looks like) mi hermana. 10. Mi tío (is supposed to come) a la una.

D. 1. The doors open at 6:30. 2. He went to sleep at once. 3. They
always speak of each other. 4. The table was covered with papers.
5. She was seen there yesterday. 6. He IS going! 7. I bought it myself. 8. You shouldn't say such a thing. 9. I was thinking of a
certain English teacher. 10. Look out! They're looking for you!

E. *Write:* 1. "I have been told," said Mike to Concha, the next time
they saw each other, "that Portuguese is spoken in Brazil. 2. I was
surprised at that, for I thought that Spanish was spoken in every
country in South America. 3. I looked it up in my history book,
but it just says that Brazil was discovered by the Portuguese. 4. I
already knew that, but I was told that America had been given
to Spain." 5. "Well, all this happened four centuries ago," said
Concha. 6. "I don't think it is very important now, but in the
fifteenth century the world was divided into two parts by the
Pope. 7. Everything to the west of the line was Spanish; everything to the east was Portuguese. 8. But since Brazil extended
to the east of the line, it belonged to Portugal. 9. Of course, nobody knew that there was a country which would be called Brazil.
10. It was thought that Portugal would have her colonies in Africa
and Asia. 11. But it turned out that her most important colony
was in the New World. 12. Since 1500, when it was discovered,
Brazil has become the largest country in South America, much
bigger and with many more inhabitants than Portugal has."
13. "Have you ever been in Brazil?" asked Mike. "People say that

Rio de Janeiro is very beautiful." 14. "Rio is one of the most beautiful cities in the world." 15. "I'm told that it looks a little like San Francisco, but I don't know, for I've never been in California."

Lesson Fourteen

UNA LECCIÓN INTERRUMPIDA

—¿Sabes una cosa, Conchita?—le dijo Miguel una tarde.—Con todas esas explicaciones tuyas, nunca me has hablado mucho de Venezuela. Quiero saber más de tu patria, algo de su vida y de su clima. ¿Qué tal tiempo hace allí?

5 —El clima en Venezuela depende menos de la latitud que de la altitud. No es cuestión de ir del sur al norte, sino de abajo para arriba. En la costa hace un tiempo caliente y húmedo. Cuanto más alto se sube más templado se pone el clima hasta llegar a lo alto de las montañas, donde hace mucho frío.

10 —¿Y cuál es el clima de Caracas?

—Muy templado. Caracas tiene una altitud de unos mil metros y una temperatura de entre diez y siete y veinte y ocho grados.

—¡Caramba! ¿A eso lo llamas templado?

—Son grados centígrados. En grados de Fahrenheit eso sería entre 15 sesenta y ochenta grados.

—Menos mal. ¡Por un momento creía que estabas hablando de Alaska! ¿Y cómo se divierten los venezolanos?

—¿Cómo nos divertimos? Lo mismo que los yanquis, más o menos. En visitas sociales, que llamamos tertulias, hablando, cantando, ju-20 gando a naipes. Como deportes hay el tenis, el golf, la natación, los paseos a pie o a caballo, y como espectáculos, las carreras de caballos, las corridas de toros y el cine.

—¿Hay cines allí? ¿Qué clase de películas ponen?

With this lesson, review Lessons 9 and 4.

—Las mismas que aquí en los Estados Unidos. Las tenemos también de México. 25

—¿Y los deportes norteamericanos? Pepe me dijo que a ustedes les gustaba mucho el béisbol.

—Sí que nos gusta. Somos muy aficionados al béisbol venezolano y también al béisbol yanqui, que oímos por la radio.

—¿Cuáles son los productos más importantes? Pepe me estaba ha-30 blando del petróleo.

—Sin duda el petróleo es el más importante. Después vienen el café y el cacao, importantes también para la exportación. El azúcar, el algodón y el tabaco se cultivan para el uso doméstico.

—¿Y las maderas? Creo que me dijo Pepe . . . 35

—Oye, Miguelito. ¿Me haces el favor de no volver a mencionar a tu amigo Pepe? No quiero oír más ese nombre—le dijo Concha de repente, levantándose y saliendo de prisa, dejando a Miguel con la boca abierta, preguntándose qué le pasaría a su amiga.

110. Possessive Adjectives and Pronouns

A. mi, mis my   nuestro,-a,-os,-as our
    tu, tus your   vuestro,-a,-os,-as your
               su, sus his, her, its, their, your

These are the usual forms of the possessive adjective. They always precede the noun they modify, are generally repeated (1), and agree with the noun in gender and number. Su is replaced by **el . . . de él,** etc. for clearness (2) and by **el . . . de Vd.,** etc. for greater politeness (3).

1. Tiene mis billetes y mi llave.   He has my tickets and key.
   Jorge perdió sus guantes.   George lost his gloves.
2. Jorge perdió los guantes de   George lost her gloves.
   ella.
3. ¿Cómo está el hermano de   How is your brother?
   Vd.?

B. mío,-a,-os,-as my, (of) mine   nuestro,-a,-os,-as our, (of) ours
    tuyo,-a,-os,-as (of) yours   vuestro,-a,-os,-as (of) yours
           suyo,-a,-os,-as (of) his, hers, theirs, yours

A second set of possessive adjectives, more emphatic than the first, follows the noun. They are used in direct address (1), to correspond to the phrases *of mine, of yours,* etc. (2), and after **ser**, answering the question *Whose is it?* (3). In all cases, the adjective agrees with the noun modified, and it may be replaced for clearness by a phrase with **de** (2). **Ser de** is the commonest equivalent of *own* and *belong to* (3).

1. ¿Cómo estás, amigo mío?	How are you, my friend?
¡Dios mío!	Good Lord!
Querida Luisa mía:	My dear Louise:
2. dos parientes nuestros	two relatives of ours (two of our relatives)
una carta suya (de él)	a letter of his (one of his letters)
3. ¿De quién es el libro?	Whose book is it? (Who owns
Es suyo (de ella).	the book? To whom does it belong?) It's hers. (It belongs to her. She owns it.)

C. The possessive pronouns are formed from the second, emphatic set of adjectives, preceded by the definite article: **el mío, la mía,** etc. Contrast the last two sentences below with B 3. After **ser**, the article is used with possessives to distinguish the thing owned, not the owner.

estos zapatos y los míos	these shoes and mine
el coche de Pepe y el tuyo	Joe's car and yours
Éste es el nuestro.	This one is ours.
¿Cuál es el suyo (el de ella)?	Which one is hers?

111. Relative Words

A. Que is by far the commonest relative pronoun. It is used as subject or direct object of its clause, and refers to persons and things. Remember that Spanish does not omit relative pronouns.

¿Dónde están los que compré?	Where are the ones (that) I bought?
la novela que estoy leyendo	the novel (that) I'm reading
este traje, que está usado	this suit, which is worn out
Es la casa que me gusta más.	It's the house (that) I like best.
mi padre, que es abogado	my father, who is a lawyer

B. After prepositions, there are limitations to the use of **que.** It refers only to things, and may follow only a few short prepositions (**a, con, de, en**) (1). To refer to persons, especially after short prepositions, **quien, quienes** are used (2). **El que** and **el cual** are used after **por, sin,** and long or compound prepositions, to refer to persons or things (3). Since they show gender and number, they are used for clearness when there are two possible antecedents (4). **Donde** is often used for *which,* indicating a place (5).

1. la pluma con que escribo — the pen I write with
2. los niños con quienes hablaba — the boys I used to talk with
3. el pueblo cerca del cual vivo — the town near which I live
   la ayuda sin la cual moriré — the help without which I shall die

   las niñas delante de las que yo estaba sentado — the girls in front of whom I was sitting
4. el hermano de María, el cual está aquí — Mary's brother, who is here
5. la casa (en) donde vivo — the house in which I live
   la ciudad adonde fué — the city to which he went

C. When a relative pronoun refers to the whole idea of a preceding clause, rather than to a specific noun or pronoun, **lo cual** or **lo que** must be used.

Me dió los dos, lo cual me encantó. — He gave me both of them, which delighted me.

Llegó tarde, lo que me extrañó. — He arrived late, which surprised me.

D. Cuyo is a relative possessive adjective that agrees with the noun that follows it. Its antecedent may be a person or a thing. Do not confuse it with the interrogative **de quién** (Section 110 B3).

el hombre a cuya hija conozco — the man whose daughter I know
la iglesia cuya torre se ve desde aquí — the church whose tower can be seen from here

WORDS AND PHRASES

112. Poder, saber, conocer

A. Poder expresses what is possible within limits of space or time (1), or of physical strength or condition (2). It asks or gives permission (3). *May*, expressing conjecture, is translated by an impersonal verb followed by the subjunctive (4).

1. ¿Podrás venir a las dos? — Can you come at two?
2. No puedo abrirlo. — I can't open it.
   No pudo más. — He was exhausted, "all in."
   Estaban enfermos y no podían jugar. — They were ill and couldn't play.
3. ¿Puedo salir? — May I go out?
4. Puede que (Es posible que) la vea. — I may see her. (Maybe I'll see her.)
   Puede que hayan salido. — They may have (Maybe they have) left.

B. When *can* or *could* refers to mental or physical skill, it must be translated by **saber** (1), which also expresses knowledge of facts, or the result of study (2), but NEVER knowledge of persons, which is expressed by **conocer**.

1. Sabían hablar español. — They could (knew how to) talk Spanish.
   No sé nadar. — I can't (don't know how to) swim.
2. Sé que han venido. — I know they have come.
   Sabe su lección. — He knows his lesson.

C. Conocer expresses acquaintance or familiarity with a person or thing as the result of previous contact (1). Note the special meaning of the preterite tense, and the different translations of the two meanings of *met* (2).

1. Conozco el camino. — I know (am acquainted with) the road.
   ¿Conoces esta novela? — Do you know (Have you read) this novel?

La conocía en Cuba.	I knew (was acquainted with) her in Cuba.
2. La conocí en Cuba.	I met (was introduced to) her in Cuba.
La encontré en Cuba.	I met (encountered) her in Cuba.

113. Way

Distinguish between *way,* referring to manner (1), and referring to place (2).

1. ¿Cómo se abre la caja? Así.	Which way (How) do you open the box? This way. (Like this.)
Se dice así.	This (That) is the way to say it.
Lo haré de todos modos.	I'll do it anyway.
Viviré como quiero, a mi gusto.	I'll live my own way, the way I like.
A propósito ¿a dónde va?	By the way, where is he going?
2. Venga Vd. por aquí.	Come this way (through here).
¿Por dónde se sale?	Which is the way out?
Los compré de paso (para casa).	I bought them on the way (home).
Ese baúl estorba.	That trunk is in the way.

114. Success and Failure   *maestro — teacher*

Distinguish between successful and unsuccessful outcome (1) and academic success or failure (2, 3). Success in doing something is expressed by **lograr** or **poder** (4). Failure to do something may mean an unsuccessful attempt (5), or mere omission (6). *Not to fail to, to be sure to* is **no dejar de** (7).

1. El programa es un éxito (un fracaso) completo.	The program is a complete success (failure).
El autor tuvo éxito (fracasó).	The author succeeded (failed), was a success (failure).
2. Salí bien (mal) en el examen.	I passed (failed) the exam.
3. Él me aprobó (suspendió).	He passed (failed) me.
4. Logré (Pude) hablarle.	I succeeded in speaking to her.

5. No pude abrirlo.   I failed to open it.
6. si no vienes   if you fail to come
7. No deje de traerlo.   Don't fail to (Be sure to) bring
                                    it.

VERB REVIEW

Review **querer, salir, venir** (Lesson 4), verbs with spelling changes
(Lesson 9), and Appendix, Section 123 D.

EXERCISES

A. 1. ¿En qué parte de Venezuela hace más calor? 2. ¿Dónde hace
mucho frío? 3. ¿Qué clima tiene Caracas? 4. ¿Qué diversiones
tienen los venezolanos? 5. ¿Qué son tertulias? 6. ¿De dónde vienen
las películas que ponen en Venezuela? 7. ¿Qué deporte yanqui
oyen por la radio? 8. ¿Cuál es el producto venezolano más importante? 9. ¿Qué otros productos importantes hay allí? 10. ¿Qué
dijo Concha antes de salir?

B. *Give, for each verb, the present participle and the required form
of the present indicative, present subjunctive, preterite, imperfect
subjunctive, and conditional:* 1. él (sacar) 2. ellos (venir) 3. yo
(conocer) 4. ellos (pagar) 5. tú (salir) 6. yo (coger) 7. Vd. (leer)
8. nosotros (querer) 9. Vds. (seguir) 10. tú (reírte)

C. *Translate the English words:* 1. Este lápiz (belongs to) María.
2. la casa (in front of which) lo hallamos 3. Las muñecas son (hers).
4. el hombre (about whom) hablé. 5. Hágalo Vd. (like this).
6. ¿(What) es aquella revista? 7. Vd. puede salir (this way). 8. Es
una amiga (of ours). 9. Vino (about) las dos y cuarto. 10. ¿(How
long) trabajó?

D. 1. He passed the exam, and so did I. 2. You may sit down. 3. I met
my brother in New York. 4. I fail to see why he took them.
5. What a lovely flower! 6. I wonder who she is. 7. He can swim,
but she can't. 8. There he goes! 9. Excuse me. I didn't hear what
you said, and neither did they. 10. I finally succeeded in opening
it. 11. Every day, I would see her at lunch time. 12. I have coffee

three times a day. 13. It's probably the one I sent her. 14. Can you give me about twenty cents? 15. Professor Smith failed half the students!

E. *Write:* 1. "By the way," said Mike to Concha, "there's one thing about which we haven't talked very much. 2. There are two friends of mine whose father lived for some years in South America. 3. They could speak Spanish very well, for they knew a lot of Venezuelans. 4. They spent two years in Venezuela, and they tell me that it's quite cool there, which surprises me. 5. Another South American with whom I talked said it was very hot in Venezuela. 6. Will you tell me which one is right?" 7. "They are both right," said Concha. "Near the sea, the temperature reaches forty degrees at times." 8. "Good Lord, that's nothing. Why, in Chicago, it reaches a hundred!" 9. "But I'm talking about centigrade temperatures, not Fahrenheit. Forty degrees centigrade are more than a hundred degrees Fahrenheit." 10. "Excuse me. I should have known that, for we studied it in our physics class." 11. "Well, my friend, in Venezuela climate depends on altitude," she said. 12. "It's this way: near the coast, it is very hot, but the higher you go, the cooler it gets. 13. In Caracas, which is the part I know best, the climate is very temperate. 14. You may go there some day, and I know that you will like it." 15. "If I ever go to South America," said Mike, "I'll be sure to visit Caracas, especially if you are there."

Lesson Fifteen

OTRA CARTA DE VENEZUELA

En el momento en que Concha dejó tan bruscamente a Miguel, después de prohibirle que hablara de Pepe, éste estaba en la casa de
correos de la Universidad, leyendo una carta de Carlos Martínez.

8 de diciembre de 1947

QUERIDO PEPE MÍO:

Me apresuro a escribirte que te equivocas completamente en cuanto a
5 Concha López. Apenas llegó tu carta, me escribió ella también diciéndome lo mismito que me dijiste tú, excepto que todo lo contrario, si
me comprendes. Me escribió que tú no la querías a ella, y que para
darte celos ella salía mucho con un futbolista que tenía más músculos
que inteligencia. Ése es Miguelito ¿no? Pero en vano, porque te ha-
10 bías enamorado de una chilena flaca y fea. Ya ves cuánto se parecen
las dos cartas, la tuya y la de ella. Conque alégrate, chico. Concha te
quiere a ti, tú la quieres a ella. Vete a decírselo, pero sin decirle nadita
de esta carta mía. Muchos recuerdos y felicitaciones de

tu buen amigo

CARLITOS

Un momento después, dando gritos de alegría que asustaron a cuan-
15 tos estaban allí, Pepe salió corriendo en busca de Concha. La encontró
al fin en el laboratorio McHale, vestida de una larga chaqueta blanca
y rodeada de botellas y probetas.

With this lesson, review Lessons 10 and 5.

—Concha, tengo que hablarte—dijo Pepe, respirando fuerte.—No podemos hablar aquí. ¿Quieres salir un momento?

—¿Qué pasa? ¿Está Vd. enfermo?—le preguntó ella, llena de asombro. 20
—¿No puede esperar ni diez minutos hasta que termine esto?

—Es que . . . pues lo que tengo que decirte es muy íntimo. Acabo de saber . . .

arrived there

—Bueno. Vamos a salir al patio, pues.—Llegados allí, Concha se volvió, preguntándole muy seria:—¿Qué es?   25

—Acabo de saber que te quiero; no, acabo de saber que me quieres; tampoco eso, acabo de saber que tú crees que no te quiero, que quiero a Consuelo Edwards . . .

—¿Y a mí qué me importa si quiere a la Srta. Edwards?

—Si no la quiero a ella. Eres tú a quien quiero. Oh, Concha, Conchita 30 mía. ¿No sabes que te quiero, que te he querido siempre? Lo otro era porque creía que no me querías tú.

—¿Y cómo sabes que te quiero ahora?

—Pues . . . no lo sé, pero espero que sí, y siento que sí, Concha. Dime ¿no es verdad que me quieres un poquito?   35

—Sí, es verdad que te quiero un poquito—dijo Concha muy quieta.— Ojalá que lo hubieras sabido mucho antes. Las horas que has pasado y perdido con esa detestable chilena.

—Bueno. Y tú con Miguel. ¿No es igual?   *plu perf sub*

—Sí, igualito—confesó Concha sonriente.—El pobrecito. Ya no ten- 40 drá más lecciones de español.

—Sí que las tendrá. ¡Le prestaré a él mi chilenita!—dijo Pepe, y le *gerund* dió a Concha el primer beso que se había oído entre las paredes del laboratorio McHale.

115. Indefinite and Negative Words

A. algo something, anything; somewhat
alguien somebody, someone, anybody, anyone

nada not anything, nothing; not at all
nadie not anybody, not anyone, nobody, no one

alguno some, some one, any, any one	**ninguno** not any, not any one, no, none, no one
alguna vez, jamás ever	**nunca, jamás** not ever, never
o . . . o either . . . or	**ni . . . ni** neither . . . nor
también also, too	**tampoco** neither, not either

Each of the indefinite words on the left is matched by its negative opposite.

B. In a Spanish negative sentence, some negative word must precede the verb. If no other negative word precedes, **no** is used (1). In a negative sentence or clause, all the indefinite words must be negative (2). Note that the personal **a** is used with indefinite and negative words referring to persons (3). Remember that negatives are used to complete comparisons (4). **Algo** and **nada,** though primarily pronouns, are also used as adverbs (5).

1. Nadie vendrá.	No one will come.
No me dijo nada.	He didn't say anything to me.
2. Nunca me mostró ningún papel.	He never showed me any paper.
3. sin ver a nadie	without seeing anyone
4. peor que ninguno	worse than any of them
5. El cuento es algo largo.	The story is somewhat long.
No será nada difícil.	It won't be at all difficult.

C. The unemphatic adjectives *some, any, no* are not translated. **Alguno** and **ninguno** are emphatic adjectives. Note that **alguno,** though normally an indefinite, has emphatic negative force when it follows a noun.

Tengo dinero.	I have some money.
Tengo algún dinero.	I have SOME money.
No tengo lápiz.	I haven't a (have no) pencil.
No tengo ningún lápiz.	I have NO pencil.
No tengo lápiz alguno.	I have no pencil at all.
No tengo ni un lápiz.	I haven't a single pencil.

D. **Alguno** and **ninguno,** as distinguished from **alguien** and **nadie,** always refer to some group, expressed or understood.

Alguien me ayudará.	Someone (Somebody) will help me.
Tengo amigos y alguno me ayudará.	I have friends and some one (of them) will help me.
Nadie me escribió.	No one (Nobody) wrote to me.
Ninguno me escribió.	Not one (None of them) wrote to me.

E. Distinguish between *any, anyone, anybody, anything,* used interrogatively (1), used negatively (2), and indicating a refusal to make a choice (3). **Cualquiera** usually shortens to **cualquier** before a singular noun.

1. ¿Dió Vd. algo a alguien?	Did you give anything to anyone?
2. No diré nada a nadie.	I shan't say anything to anyone.
3. Vd. puede decirlo a cualquiera.	You can tell anyone.
Dame cualquier libro.	Give me any book (at all).
Cualquier cosa servirá.	Anything will do.

F. Los dos, ambos, and **demás** are used as pronouns (1, 3) and as adjectives. As adjectives, they are followed directly by the noun, without the intervening article that English uses (2, 4). **Demás,** in the singular, is a neuter pronoun, preceded by **lo** (3). In the plural, it may be used as pronoun or adjective (4). To translate *rest* with a singular noun, Spanish uses a phrase with **quedar** (5).

1. Los dos (Ambos) vinieron.	They both (Both of them) came.
2. las dos (ambas) cartas	both (both the, both of the) letters
3. Vd. sabe lo demás.	You know the rest (of it).
4. los demás (periódicos)	the rest of them (of the newspapers)
5. el pan que queda, lo que queda del pan	the rest of the bread, the bread that's left, what's left of the bread

G. Cuanto, etc., which introduces a subordinate clause, is an equivalent of **todo lo que** and **tanto como.** Note that **demasiado** is pronoun, adjective, and adverb.

Le di cuanto tenía.	I gave him all that (as much as) I had.
Hablé a cuantos entraron.	I spoke to everyone who (to as many as) came in.
No me dé Vd. demasiado.	Don't give me too much.
Hay demasiadas sillas.	There are too many chairs.
Son demasiado cortos.	They are too short.
¿Desean Vds. otra cosa?	Do you wish something (anything) else?

H. Ni . . . ni, used in a phrase or sentence, rejects both alternatives (*neither . . . nor*). **Ni,** in a negative sentence, means *even,* and the negative force may be strengthened by **siquiera. Ni . . . tampoco,** or **tampoco** alone, adds a second instance to a preceding negative. See Section 33.

No sabe ni leer ni escribir.	He can neither read nor write.
¿Cuál quiero? Ni uno ni otro.	Which one do I want? Neither one.
No quiso ni (siquiera) hablarme.	He wouldn't even speak to me.
¿No vas? Tampoco yo. (Ni yo tampoco.)	Aren't you going? Neither am I.
Tampoco me gusta el otro.	I don't like the other one either.

116. Word Order

In questions, if a noun subject is as long as an adjective, adverb or noun in the predicate, the subject preferably follows (1). A noun subject also follows the verb in exclamations (2), when a clause begins with an adverb (3), in subordinate clauses (4), after quotations (5), and with a past participle (6). In Spanish, dangling prepositions are never correct, even in colloquial speech (7).

1. ¿Está enferma tu hermana?	Is your sister ill?
¿Viven aquí sus padres?	Do his parents live here?
¿Es abogado el tío de Pablo?	Is Paul's uncle a lawyer?
2. ¡Qué hermoso es este jardín!	How beautiful this garden is!
3. Ayer nos visitó Carlos.	Yesterday, Charles visited us.
4. el dinero que tiene Enrique	the money that Henry has

5. —¿Qué tal?—gritó el chico.   "How are you?" the kid shouted.
6. Terminada la clase, salí.   The class (having) ended, I left.
7. ¿De qué están hablando?   What are you talking about?

WORDS AND PHRASES

117. People

People may mean a whole nation (1), an indefinite number of persons (2), a definite, counted number of persons (3), or it may be a vague impersonal subject (4).

1. el pueblo español	the Spanish people
2. mucha (alguna, esta) gente	many (some, these) people
3. tres (mil) personas	three (a thousand) people
4. Se dice (Dicen) que es rica.	People say that she's rich.

118. Compounds of *where*

Compounds of *where* are usually translated by phrases with **la parte** and **el lado.** Note the distinctions between affirmative *some* and interrogative, negative, and indefinite *any* (compare Section 115 E).

Lo habré perdido en alguna parte.	I must have lost it somewhere.
¿Lo has visto por algún lado?	Have you seen it anywhere?
No los veo por ningún lado.	I don't see them anywhere.
Déjelo Vd. en cualquier parte.	Leave it anywhere.
Estará por allí.	It must be there somewhere.
Había gente por todos lados.	There were people everywhere.
Fueron a otra parte.	They went somewhere else.

119. And, Or, But

A. The conjunction **e** replaces **y** before the sound of **i;** the conjunction **u** replaces **o** before the sound of **o.**

Ella y yo hablamos español e inglés.	She and I speak Spanish and English.
madre e hija	mother and daughter
siete u ocho; niño u hombre	seven or eight; child or man

B. *But* usually means *however,* and is translated by **pero,** or its more literary equivalent, **mas** (1). When, of two alternatives, the first is negative and the second positive (not X, but rather, Y), **sino** is used (2). When this contrasting *but* introduces a main clause, the conjunction **sino que** is used (3). *Not only . . . but also* is **no sólo . . . sino** (4). *But,* meaning *except,* is **menos** or **sino** (5).

1. No tengo muchos, pero (mas) le di uno. — I haven't many, but I gave him one.
2. no éste sino el otro — not this one, but the other
   No hablan español sino portugués. — They don't speak Spanish, but Portuguese.
3. No fuí al cine, sino que me quedé en casa. — I didn't go to the movies, but stayed home.
4. no sólo hoy sino mañana — not only today but (also) tomorrow
5. Lo trajeron todo menos (sino) la llave. — They brought everything but the key.

VERB REVIEW

Review verbs with stem changes (Lesson 5), **conducir, jugar, reírse** (Lesson 10).

EXERCISES

A. 1. ¿Qué buena noticia tuvo Pepe de Carlos? 2. ¿Dónde estaba Pepe cuando leyó la carta? 3. ¿Qué había escrito Concha? 4. ¿Qué había dicho ella de Miguel? 5. ¿Qué hizo Pepe al terminar la carta? 6. ¿Dónde encontró Pepe a Concha? 7. ¿Qué creía ella al principio? 8. ¿A dónde fueron a hablar? 9. ¿Qué van a hacer con la chilena? 10. ¿Qué le dió Pepe a Concha?

B. *Give, for each verb, the present participle and the required form of the present indicative, present subjunctive, preterite, and imperfect subjunctive:* 1. yo (pensar) 2. Vd. (pedir) 3. él (perder) 4. yo (conducir) 5. ellos (encontrar) 6. Vd. (jugar) 7. nosotros (dormir) 8. ella (reírse) 9. yo (volver) 10. ella (sentir)

C. *Make the following sentences negative:* 1. Tengo algunos libros. 2. Les prestaré o éste o aquél. 3. Alguien me dará algo. 4. Eso lo sabe cualquiera. 5. Yo también traje algunos. 6. ¿Lo has visto alguna vez? 7. Es algo difícil.

D. 1. Is there anything for me? 2. I didn't even tell him. 3. He did not come with her, but stayed at home. 4. There wasn't a single tree anywhere. 5. You can ask anyone. 6. Don't give me too many. 7. They both want the rest of the magazines. 8. Which one shall I give it to? 9. How lovely this room is! 10. Put the rest of them anywhere. 11. People say that she's the one who did it. 12. Are they tired? They are. 13. There were seven or eight people there. 14. I bought half his books from him. 15. Don't send it to him, but to her.

E. *Write:* 1. When Joe read the good news that Charlie wrote, he couldn't believe that it was true. 2. He looked so happy that all the people that were in the post-office noticed it. 3. When he finished Charlie's letter, he gave a shout of joy that scared four people who were just coming in. 4. He started to look for Concha at once without reading the rest of the letters he had. 5. He looked for her everywhere, but she either hadn't come yet or she had just left. 6. Finally, someone told him to go to the McHale Laboratory, and there she was. 7. She had a lot of work to do, but when Joe told her he had to talk to her alone, she said she would leave the rest of the work for the next day. 8. When they got to the courtyard, Joe was so nervous that he couldn't even tell her why he had come. 9. He forgot half of what he wanted to say, but Concha understood the other half. 10. Anyone who was looking at them could see that they were in love. 11. Concha finally admitted that she loved not Mike but Joe. 12. Poor Mike would have to go somewhere else for his Spanish lessons. 13. Joe said he would ask Consuelo to give Mike some lessons. 14. Is there any need to tell you the rest? There is? 15. Well, Joe gave Concha the first kiss that had ever been heard inside the walls of the McHale Laboratory.

REVIEW OF LESSONS 11–15

A. 1. ¿A dónde vamos para buscar medicinas? 2. ¿Cuántos ojos tenemos? 3. ¿Cuál es el día de independencia de los Estados Unidos? 4. ¿Qué pasó el doce de octubre de 1492? 5. ¿Quién fué Hernán Cortés? 6. ¿A qué hora se abre la biblioteca? 7. ¿A qué hora se levanta Vd.? 8. ¿En qué estación nieva mucho? 9. ¿De qué color es la nieve? 10. ¿Prefiere Vd. viajar en coche o en tren? 11. ¿Qué abrimos cuando hace demasiado calor? 12. ¿En qué mes empieza el otoño? 13. ¿Cuántos días hay en este mes? 14. ¿Qué lengua se habla en el Brasil? 15. ¿Está cerrada o abierta la puerta? 16. ¿Qué significa "ahorita"? 17. ¿En qué parte de Sud América está Venezuela? 18. ¿Es más grande o menos grande que nuestro país? 19. ¿Qué clima tiene Caracas? 20. ¿Cuál es el producto más importante de Venezuela?

B. *Translate:* 1. he fell 2. we shall go out 3. they brought 4. I used to see 5. he slept 6. laughing 7. we gave 8. I said 9. they would make 10. he went 11. they laughed 12. they will put 13. she came 14. we used to be 15. they lost 16. I hear 17. I took out 18. I am worth 19. you would be able 20. he made 21. we shall want 22. I would say 23. they led 24. we were going 25. we would have

C. *Translate the English words:* 1. Me dió (a little money). 2. La vi antes que (she returned). 3. Pónganlos (anywhere). 4. No hay nada aquí (that I like). 5. Voy a salir, aunque (it is cold). 6. Puede entrar si (he has washed). 7. Trajo más periódicos (than I wanted). 8. Comí (as much as) ellos. 9. (By starting) a las siete, llegaremos a las nueve. 10. Voy a dejarlo (right here). 11. Había periódicos (everywhere). 12. (Soon after arriving) se puso enferma. 13. Voy a hacerlo (this way). 14. (Don't fail to) cerrar la ventana. 15. Los otros (belong to us). 16. (People say) que es española. 17. ¿A qué hora (does one get up) el domingo? 18. (As I was coming back) vi a María. 19. Noté que la silla (was broken). 20. No me queda (a single friend).

D. *Translate:* 1. six or eight weeks 2. not Anita's, but that one 3. I wish he would leave. 4. such a pretty house 5. Why, I haven't any money! 6. bigger and bigger 7. a passing car 8. both of the men 9. I DID buy it! 10. worse than anyone 11. He has her pen. 12. I nearly fell. 13. I saw everyone but Joe. 14. We like it very much. 15. Come any day. 16. I failed to bring them with me. 17. Spanish is spoken here. 18. Have you anything to send her? 19. The rest of it is somewhat harder. 20. I have more than fifteen dollars left.

E. *Write:* 1. We were looking for someone who could show us which way to go out. 2. I wouldn't know her myself if I saw her. 3. Most of the boys are bigger than I am. 4. He can speak Spanish better than I thought. 5. He took the best pens, so I took the rest of them. 6. This is the house in front of which he was found. 7. Anyone could do that if he had the time. 8. The more I read this, the less I like it. 9. She speaks Spanish and English, but he doesn't speak either. 10. I'll give you whatever you ask for, as long as you leave at once. 11. She was sitting near the window, without saying anything. 12. They may see each other tomorrow, but I don't think so. 13. My younger sister is the hardest-working student in the class. 14. We're going to visit a friend of ours, whose son has just returned from Europe. 15. You ought to take them to him when you go there, if you can. 16. It makes no difference what he says, he may not go out unless he puts on his coat. 17. By the way, don't talk as if he had failed. 18. His oldest son walks better than ever, which pleases me very much. 19. This table was made by two friends of mine a year ago. 20. I want you to study hard, so that you won't fail the exam next week.

GENERAL REVIEW

A. *Translate:* 1. I'm going to give them to him. 2. Tell her. 3. Who took them from me? 4. Bring them with you. 5. It is I who saw him. 6. This one I bought in New York. 7. I went to him at once. 8. I'll ask her. 9. I can't read without it. 10. He introduced us to them. 11. I'm glad of it. 12. I like them, but he doesn't. 13. There was nothing for us. 14. Don't speak to them. 15. We students are hardworking. 16. There were four of them. 17. I think I know. 18. I asked him for it. 19. He ate with me. 20. I wanted to tell her something.

B. *Replace the dash with the definite or indefinite article, if needed:* 1. Volvió sin — periódico. 2. Tiene — cien estudiantes. 3. Ha-

bla bien — español. 4. — papel no cuesta mucho. 5. Lo vi —
lunes. 6. No haría tal — cosa. 7. Está en — España. 8. Vive en
— plaza Colón. 9. Vino — semana pasada. 10. Hola, — Sra. Gómez. 11. una carta en — inglés 12. diez centavos — docena 13. —
leche es blanca. 14. Aquí viene — don Carlos. 15. medio — año
16. Mi tío es — médico. 17. Voy a — iglesia. 18. ¿Cómo está —
pobre Luisa? 19. Son de — Habana. 20. Venía de — clase de —
español. 21. Es — Sr. López. 22. No tengo — madre. 23. ¡Qué
— día! 24. Sale para — Perú. 25. Es — profesor excelente.

C. *Identify the following verb forms:* 1. pidieron 2. yendo 3. hubieron 4. sido 5. supo 6. quepo 7. ido 8. caiga 9. supiera 10. dijiste 11. valdrán 12. sepa 13. seamos 14. visto 15. vaya 16. vendríamos 17. quisimos 18. hizo 19. diste 20. oyendo 21. dirán
22. fuéramos 23. anduvieran 24. podré 25. siga 26. me visto
27. pondré 28. venderemos 29. sois 30. haya 31. asgo 32. pude
33. hecho 34. viendo 35. pidiese 36. huya 37. roto 38. condujiste
39. diera 40. puesto

D. *Translate:* 1. I got up at nine. 2. Get me a pencil. 3. I don't get
it. 4. I got a letter from her yesterday. 5. I got in through the window. 6. Where did you get that picture? 7. Don't get angry.
8. How much do you get a week? 9. He told me to get out. 10. We
got back on Wednesday.

E. *Replace the dash with the proper form of ser, estar, tener, haber,*
or hacer: 1. Aquí — fresco. 2. ¿Qué edad — ella? 3. Concha — de
Caracas. 4. Las tazas — para el café. 5. Esta noche — luna. 6. Yo
— ganas de verlo. 7. Tú — suerte. 8. ¿Dónde — la carta? 9. —
las tres y media. 10. El sombrero — de papel. 11. Juan — ocupado. 12. Bogotá — la capital de Colombia. 13. No — posible hacerlo. 14. Yo — prisa. 15. Ella — vergüenza. 16. Hoy — viento.
17. Aquél — el mío. 18. La ventana — abierta. 19. Ella — razón.
20. Ellos no — en casa. 21. Vd. — sueño. 22. ¿Qué tiempo — ?
23. Mañana — sol. 24. Ana — sentada en la sala. 25. Siempre —
polvo.

F. *Translate:* 1. What time is it? 2. It's 4:20 P.M. 3. at ten in the
evening 4. It's twelve minutes of eleven. 5. I work in the morning.
6. a little after 2 A.M. 7. It's a quarter past four. 8. at seven sharp
9. toward midnight 10. It's half-past five in the afternoon.

G. *Translate the English words:* 1. (If he comes) quiero verlo. 2. No hable Vd. como si (I had done it). 3. No creo que (he will come). 4. Siempre que (I see her) le hablo. 5. Es posible que (he took it). 6. Los invitaría (if I knew them). 7. Te lo daré después que (I read it). 8. Busco una carta (that I was reading). 9. Temo que (he has lost it). 10. Déle (whatever he wants). 11. Fuimos al pueblo (although it was hot). 12. (If he brought it) ¿dónde está? 13. Habíamos salido antes que (he returned). 14. Me dijo que (he was coming). 15. Nunca lo aprenderé, por mucho que (I study). 16. Me lo habría dicho (if he had bought them). 17. ¿Hay alguien aquí (who knows her)? 18. Siento que (he hasn't written). 19. Me alegro mucho, porque (I wanted a pen). 20. Yo iré con tal que (he stays here).

H. *Translate:* 1. I hear 2. I had put 3. he laughed 4. sleeping 5. they served 6. I meet 7. I paid 8. he followed 9. don't fall 10. they gave 11. we used to see 12. they would have done 13. I had said 14. I lead 15. saying 16. I was going 17. he loses 18. believing 19. he fell 20. I give 21. I would say 22. there will be 23. they made 24. I know 25. she will go out 26. they brought 27. coming 28. I see 29. we sleep 30. they said 31. I seem 32. he felt 33. they flee 34. they have opened 35. they led 36. it will fit 37. they dressed 38. we walked 39. bring! 40. come! 41. serving 42. he will have written 43. I make 44. he believed 45. go! 46. it would be worth 47. I took out 48. seen 49. I follow 50. made

I. *Use the following pairs of expressions in sentences that will show the difference in their meaning or use, and translate the sentences:* 1. a casa, en casa 2. entonces, luego 3. donde, adonde 4. gustar, querer 5. sabía, supe 6. tener que, haber que 7. dejar, salir 8. tiempo, vez 9. mirar, buscar 10. parecer, parecerse a 11. preguntar, pedir 12. desde, desde que 13. pequeño, poco 14. medio, mitad 15. después, después de 16. cien, ciento 17. aquí, acá 18. hasta, hasta que 19. gran, grande 20. nadie, ninguno 21. qué, cuál 22. de quién, cuyo 23. tomar, llevar 24. dispense, perdón 25. más de, más que 26. pero, sino 27. alguien, alguno 28. tal, tan 29. saber, conocer 30. gente, pueblo

J. *Replace the dash by para or por, and translate:* 1. ¿Cuánto pagó — éste? 2. Se quedó — dos días. 3. ¿Hay cartas — mí? 4. Iba — el patio. 5. Lo terminó — el martes. 6. tres veces — semana 7. Vino *para* María. 8. No hay nadie *para* — allí. 9. Salieron *por* — el colegio. 10. un vaso *para* — agua 11. Es grande *para* — un niño de diez años. 12. Fué escrita — mi hijo. 13. Iré *por* — ti a las dos. 14. Huyeron *por* — miedo. 15. ¿Quieres hacer algo *por* — nosotros?

K. *Translate:* 1. Please have another cup of coffee. 2. I like novels. 3. Look out! 4. Leave them anywhere. 5. I may lose them. 6. He opened his eyes. 7. I have four left. 8. You shouldn't talk that way. 9. Did you miss me? 10. Take off your hat. 11. Let him come on Thursday. 12. What became of your old coffee cups? 13. I was thinking of that. 14. I've been here two days. 15. We don't speak to them any more. 16. He is to be here in the morning, then. 17. I've just missed my train. 18. Which one are you looking for? 19. So you're not going to get up? 20. What a lovely day! 21. What do you think of it? 22. Can't you read English? 23. Why, he told me he was coming! 24. Do people speak Spanish there? 25. You must have left them at home. 26. Is she tall? Yes, very. 27. She thinks she knows everything. 28. We used to see each other from time to time. 29. That's why I gave it to him. 30. I do like it! 31. I've done as many as you have. 32. The crying child was sitting on the floor. 33. He has his ticket and hers. 34. He himself had very few friends. 35. Some of them are not at all hard. 36. I wish you would take them with you. 37. I shall have him write to her when he returns. 38. His oldest son has more than a thousand stamps. 39. He sat down without speaking to anyone. 40. I was told to come here.

L. *Translate the English words:* 1. La vi (about half-past one). 2. Les di (all I had). 3. Yo fuí (but they didn't). 4. En la Habana compré un sombrero y una caja de cigarros; (the latter) es para Miguel. 5. Le he pedido que venga (but he won't). 6. Nos vemos (every other day). 7. ¿(How long) se quedaron? 8. No puedo mirarlo (just now). 9. No lo veo (anywhere). 10. Anoche (he was given) un premio. 11. No quiso entrar, (which surprised me). 12. (Don't fail to) hablar al niño. 13. No me dejaron (a single magazine). 14. Ella dice que el sombrero negro (belongs to her). 15. Voy a tomar (the rest of the money). 16. (People say) que es muy rico. 17. No has estudiado (the right lesson). 18. Voy a mostrarle (the one I want). 19. (Most Cubans) tienen el pelo negro. 20. Ahora anda (better than ever). 21. Leen (rapidly and correctly). 22. Saben más español (than I thought). 23. Ella no ha comido; (neither have we). 24. (Whatever he may do) sé que lo hará bien. 25. Lo haremos (right now). 26. Mi hijo se está poniendo (taller and taller). 27. Vi que todas las ventanas (were closed). 28. Quiero que los niños (wash their faces). 29. Mi hermana (has become) muy enferma. 30. ¿(Which way) se sale a la calle? 31. (One must) acordarse de eso. 32. (I beg your pardon). No oí bien. 33. Lo visité (about a week ago). 34. Voy a quedarme (until he returns). 35. Para mañana, tenemos (the twelfth lesson).

M. *Translate:* 1. The best of it is that they write to each other once a week. 2. Well, I wonder where Mr. Gómez is. 3. I'm surprised that he bought such a big house. 4. Everyone says that Elizabeth looks like me, but I don't think so. 5. How often did that doctor of yours come last week? 6. Anyone will tell you that Mrs. Sánchez has more servants than she needs. 7. I have asked her to bring them to me when she finishes them. 8. These are much thinner than the ones we bought last year. 9. We would see her every morning as we were going to class. 10. Then he has probably taken the rest of the papers with him, hasn't he? 11. Did you know that we were leaving school just then? 12. They both came in last night without my hearing them. 13. Her parents know the whole story, don't they? 14. The more I read this, the easier it seems. 15. The other novel was written by a friend of ours in 1937. 16. He read not only the first volume, but the second and third, also. 17. My younger brother is much taller than I am. 18. Poor Mike has just failed his Spanish exam. 19. Could you tell me how long they have been here? 20. I have neither time nor money to waste on it. 21. I fail to see why you do it that way. 22. What time does one go to bed around here? 23. Tell me what you want me to do, and I'll do it. 24. If I had been there, I would have done the same. 25. Poor Charlie has been ill since Tuesday. 26. I succeeded in learning it little by little. 27. The next time the doors open, please sit down somewhere. 28. As no one said anything to us, we took all we wanted. 29. He knows Mr. Porter's beautiful wife, and wants to introduce me to her. 30. May I have a little water? 31. We wanted them to come, but they wouldn't. 32. You're right. I shouldn't have told him so suddenly. 33. How well he has looked since he returned! 34. These are the ones that are read in our first-year class. 35. There were seven or eight people who earned a million dollars a year. 36. I do hope he finds the right house! 37. He's just a child, but he knows more than we thought. 38. I met a friend of theirs as I was coming back from Havana. 39. Be sure to take half the magazines for yourself, and give them the rest. 40. Since we have so much to do, let's work together tonight.

APPENDIX

120. Spelling, Syllabication, Stress, Accentuation

A. (1) Only four consonants may be doubled in Spanish: **c, l, n, r;** c (only before e or i): **acceso, lección;** l: **calle, llegar;** n (only with prefixes and suffixes): **innecesario, dénnoslo;** r: **correr, perro.** (2) **E** is the only vowel that is commonly doubled: **leer, creemos.** (3) No Spanish word may end with two consonants. (4) Unstressed **i** between vowels is always written as **y: mayor, cayeron,** but **oían.** (5) No word may begin or end with an **i** or **u** which forms part of a diphthong. **Y** is substituted for **i: ya, yo, voy, muy;** initial **u** is preceded by **h: hueso, huir.**

B. A word has as many syllables as it has vowels or vowel combinations (diphthongs, triphthongs). A single consonant is pronounced in the same syllable with the FOLLOWING vowel: **a-me-ri-ca-no.** Two consonants between vowels are both pronounced, if possible, with the FOLLOWING vowel: **li-bro, a-cla-rar;** but difficult groupings of consonants are split: **com-pen-sar.** When three or more consonants occur between vowels, the last two go with the FOLLOWING vowel if possible: **en-tre-gar, im-pre-sión.** Spanish, unlike English, separates **s** from a following consonant: **es-pa-ñol, ins-pi-rar.**

C. (1) Words that end in a vowel or **n** or **s** normally stress the next to the last syllable: **cui-da-do, her-ma-nos, jo-ven.** (2) Words that end in other consonants normally stress the last syllable: **im-pe-rial, ha-blar, ca-paz.** (3) Words not stressed according to these rules have a written accent on the stressed syllable: **ca-fé, To-más, mé-di-co, lá-piz.**

D. There are three reasons for using written accents. The first is stated in C 3 above. The second is to show that the weak vowel (**i, u**) of a diphthong is stressed: **pa-ís, tí-o, to-da-ví-a, ba-úl, o-í-mos, con-ti-nú-o, le-í-mos.** The third is to distinguish between words spelt alike: **si** and **sí, el** and **él, este** and **éste,** etc. All interrogative words have this distinguishing accent: **qué, cómo, por qué, cuándo, dónde,** etc. Note that this distinguishing accent is always on the NORMALLY stressed syllable.

121. Simple Tenses of Regular Verbs

INFINITIVE
(to speak, eat, live)

hablar	comer	vivir

PRESENT PARTICIPLE
(speaking, eating, living)

hablando	comiendo	viviendo

PAST PARTICIPLE
(spoken, eaten, lived)

hablado	comido	vivido

PRESENT INDICATIVE
(I speak, eat, live, etc.)

hablo	como	vivo
hablas	comes	vives
habla	come	vive
hablamos	comemos	vivimos
habláis	coméis	vivís
hablan	comen	viven

IMPERFECT INDICATIVE
(I was speaking, eating, living, etc.)

hablaba	comía	vivía
hablabas	comías	vivías
hablaba	comía	vivía
hablábamos	comíamos	vivíamos
hablabais	comíais	vivíais
hablaban	comían	vivían

PRETERITE
(I spoke, ate, lived, etc.)

hablé	comí	viví
hablaste	comiste	viviste
habló	comió	vivió

hablamos	comimos	vivimos
hablasteis	comisteis	vivisteis
hablaron	comieron	vivieron

FUTURE
(I shall speak, eat, live, etc.)

hablaré	comeré	viviré
hablarás	comerás	vivirás
hablará	comerá	vivirá
hablaremos	comeremos	viviremos
hablaréis	comeréis	viviréis
hablarán	comerán	vivirán

CONDITIONAL
(I should speak, eat, live, etc.)

hablaría	comería	viviría
hablarías	comerías	vivirías
hablaría	comería	viviría
hablaríamos	comeríamos	viviríamos
hablaríais	comeríais	viviríais
hablarían	comerían	vivirían

PRESENT SUBJUNCTIVE
(I speak, eat, live, etc.)

hable	coma	viva
hables	comas	vivas
hable	coma	viva
hablemos	comamos	vivamos
habléis	comáis	viváis
hablen	coman	vivan

IMPERFECT SUBJUNCTIVE: FIRST FORM
(I spoke, ate, lived, etc.)

hablara	comiera	viviera
hablaras	comieras	vivieras
hablara	comiera	viviera
habláramos	comiéramos	viviéramos
hablarais	comierais	vivierais
hablaran	comieran	vivieran

IMPERFECT SUBJUNCTIVE: SECOND FORM
(I spoke, ate, lived, etc.)

hablase	comiese	viviese
hablases	comieses	vivieses
hablase	comiese	viviese
hablásemos	comiésemos	viviésemos
hablaseis	comieseis	vivieseis
hablasen	comiesen	viviesen

IMPERATIVE
(speak, eat, live)

habla	come	vive
hablad	comed	vivid

122. Compound Tenses of Regular Verbs

PERFECT INFINITIVE
(to have spoken, eaten, lived)

haber hablado	haber comido	haber vivido

PERFECT PARTICIPLE
(having spoken, eaten, lived)

habiendo hablado	habiendo comido	habiendo vivido

PRESENT PERFECT INDICATIVE
(I have spoken, eaten, lived, etc.)

he hablado, etc.	he comido, etc.	he vivido, etc.

PLUPERFECT INDICATIVE
(I had spoken, eaten, lived, etc.)

había hablado, etc.	había comido, etc.	había vivido, etc.

PRETERITE PERFECT
(I had spoken, eaten, lived, etc.)

hube hablado, etc.	hube comido, etc.	hube vivido, etc.

FUTURE PERFECT
(I shall have spoken, eaten, lived, etc.)
habré hablado, etc.   habré comido, etc.   habré vivido, etc.

CONDITIONAL PERFECT
(I should have spoken, eaten, lived, etc.)
habría hablado, etc.   habría comido, etc.   habría vivido, etc.

PRESENT PERFECT SUBJUNCTIVE
(I have spoken, eaten, lived, etc.)
haya hablado, etc.   haya comido, etc.   haya vivido, etc.

PLUPERFECT SUBJUNCTIVE
(I had spoken, eaten, lived, etc.)
hubiera hablado, etc.   hubiera comido, etc.   hubiera vivido, etc.
hubiese hablado, etc.   hubiese comido, etc.   hubiese vivido, etc.

123. Irregular Verbs

A. In the present indicative, the first and second persons plural are regular in all verbs except **ser (somos, sois), ir (vamos, vais), haber (hemos)**. The third person plural is derived from the third person singular in all verbs except **ser (es, son)**.

B. The imperfect indicative is irregular in only three verbs:

  ir: iba, ibas, iba, íbamos, ibais, iban
  ser: era, eras, era, éramos, erais, eran
  ver: veía, veías, veía, veíamos, veíais, veían

C. Most irregular preterites have a common set of irregular endings: **-e, -iste, -o, -imos, -isteis, -ieron.** There are no written accents, since the stress is always on the next to the last syllable:

andar: anduve, anduviste, anduvo, anduvimos, anduvisteis, anduvieron
caber: cupe, cupiste, cupo, cupimos, cupisteis, cupieron

So with estar (estuve), haber (hube), hacer (hice), poder (pude), poner (puse), querer (quise), saber (supe), tener (tuve), venir (vine).

Verbs whose preterite stem ends in **j**: conducir (conduje), decir (dije), traer (traje) drop the **i** from the third person plural ending: **condujeron, dijeron, trajeron.**

The only irregular preterites that do not have the above set of endings are verbs with stem changes (Section 43), verbs with spelling changes (Section 82), **dar: di, diste, dió, dimos, disteis, dieron,** and the common preterite of **ser** and **ir: fuí, fuiste, fué, fuimos, fuisteis, fueron.** Although **dió, vió, fuí,** and **fué** are one-syllable forms, they have written accents by analogy with the accents on regular preterites.

D. Irregular futures and conditionals may be divided into three types: (1) those which drop the vowel of the infinitive ending: **caber (cabré, cabría), haber, (habré, habría), poder (podré, podría), querer (querré, querría), saber (sabré, sabría);** (2) those which replace the vowel of the infinitive ending by the letter **d** (in these verbs the stem ends in **l** or **n**): **poner (pondré, pondría), salir (saldré, saldría), tener, (tendré, tendría), valer (valdré, valdría), venir (vendré, vendría);** (3) **decir** and **hacer,** which drop two letters from the infinitive: **diré, diría; haré, haría.**

E. The present subjunctive is formed from the first person singular of the present indicative in all verbs where this form ends in **-o:**

hablar	hablo	hable, hables, hable, hablemos, habléis, hablen
vivir	vivo	viva, vivas, viva, vivamos, viváis, vivan
tener	tengo	tenga, tengas, tenga, tengamos, tengáis, tengan
decir	digo	diga, digas, diga, digamos, digáis, digan

In the six verbs whose present indicative first singular does not end in **-o,** the present subjunctive must be learned separately:

dar	doy	dé, des, dé, demos, deis, den
estar	estoy	esté, estés, esté, estemos, estéis, estén
haber	he	haya, hayas, haya, hayamos, hayáis, hayan
ir	voy	vaya, vayas, vaya, vayamos, vayáis, vayan
saber	sé	sepa, sepas, sepa, sepamos, sepáis, sepan
ser	soy	sea, seas, sea, seamos, seáis, sean

The present subjunctive uses the same stem in all six forms, with the exception of **dar, estar,** and the stem-changing verbs (Section 43).

The imperfect subjunctive of all verbs is found by dropping the
-ron from the preterite third plural and adding -ra, etc., or -se,
etc.:

hablar	hablaron	hablara, hablaras, hablara, habláramos, hablarais, hablaran
		hablase, hablases, hablase, hablásemos, hablaseis, hablasen
vivir	vivieron	viviera, vivieras, viviera, viviéramos, vivierais, vivieran
		viviese, vivieses, viviese, viviésemos, vivieseis, viviesen
dar	dieron	diera, etc.; diese, etc.
decir	dijeron	dijera, etc.; dijese, etc.
dormir	durmieron	durmiera, etc.; durmiese, etc.
ir	fueron	fuera, etc.; fuese, etc.

F. The present participle is irregular in stem-changing verbs of the
third conjugation (Section 43), in certain verbs with spelling changes
(Section 82 B), and also in decir (diciendo), ir (yendo), poder (pudiendo), reír (riendo), venir (viniendo).

G. The past participle is irregular in the following common verbs
which are otherwise regular: abrir (abierto), cubrir (cubierto), descubrir (descubierto), describir (descrito), escribir (escrito), imprimir (impreso), romper (roto). The following irregular verbs have irregular
past participles: decir (dicho), hacer (hecho), morir (muerto), poner
(puesto), ver (visto), volver (vuelto). See also Section 82 B1.

In the irregular verbs which follow, only the irregular forms or tenses
are given. Since the endings of the future, conditional and imperfect
subjunctive are always regular, only the first person singular of these
tenses is given. The present subjunctive is given in full only when
there is a change in stem or accentuation. The intimate imperative
singular is given only when it is not derived from the third person
singular present indicative. Its plural is always regularly formed, and
the formal commands are borrowed from the present subjunctive
(see Section 44 A).

andar (to walk)

PRETERITE anduve, anduviste, anduvo, anduvimos, anduvisteis, anduvieron

asir (to seize)

PRES. IND. asgo, ases, ase, asimos, asís, asen
PRES. SUBJ. asga, etc.

caber (to fit, be contained)

PRES. IND. quepo, cabes, cabe, cabemos, cabéis, caben
PRES. SUBJ. quepa, etc.
PRETERITE cupe, cupiste, cupo, cupimos, cupisteis, cupieron
IMP. SUBJ. cupiera, etc.; cupiese, etc.
FUTURE cabré, etc. CONDITIONAL cabría, etc.

caer (to fall)

PRES. IND. caigo, caes, cae, caemos, caéis, caen
PRES. SUBJ. caiga, etc.
PRETERITE caí, caíste, cayó, caímos, caísteis, cayeron
IMP. SUBJ. cayera, etc.; cayese, etc.

conducir (to lead)

PRES. IND. conduzco, conduces, conduce, conducimos, conducís, conducen
PRES. SUBJ. conduzca, etc.
PRETERITE conduje, condujiste, condujo, condujimos, condujisteis, condujeron
IMP. SUBJ. condujera, etc.; condujese, etc.

All verbs ending in -ducir (producir, traducir, etc.) are conjugated like conducir.

dar (to give)

PRES. IND. doy, das, da, damos, dais, dan
PRES. SUBJ. dé, des, dé, demos, deis, den
PRETERITE di, diste, dió, dimos, disteis, dieron
IMP. SUBJ. diera, etc.; diese, etc.

decir (to say) PRES. PART. **diciendo** PAST PART. **dicho**

PRES. IND. **digo, dices, dice,** decimos, decís, **dicen**
PRES. SUBJ. **diga,** etc.
PRETERITE **dije, dijiste, dijo, dijimos, dijisteis, dijeron**
IMP. SUBJ. **dijera,** etc.; **dijese,** etc.
FUTURE **diré,** etc. CONDITIONAL **diría,** etc.
IMPERATIVE **di**

estar (to be)

PRES. IND. **estoy, estás, está,** estamos, estáis, **están**
PRES. SUBJ. **esté, estés, esté,** estemos, estéis, **estén**
PRETERITE **estuve, estuviste, estuvo, estuvimos, estuvisteis, estu-
vieron**
IMP. SUBJ. **estuviera,** etc.; **estuviese,** etc.

haber (to have)

PRES. IND. **he, has, ha, hemos,** habéis, **han**
PRES. SUBJ. **haya,** etc.
PRETERITE **hube, hubiste, hubo, hubimos, hubisteis, hubieron**
IMP. SUBJ. **hubiera,** etc.; **hubiese,** etc.
FUTURE **habré,** etc. CONDITIONAL **habría,** etc.

hacer (to do, make) PAST PART. **hecho**

PRES. IND. **hago, haces, hace, hacemos, hacéis, hacen**
PRES. SUBJ. **haga,** etc.
PRETERITE **hice, hiciste, hizo, hicimos, hicisteis, hicieron**
IMP. SUBJ. **hiciera,** etc.; **hiciese,** etc.
FUTURE **haré,** etc. CONDITIONAL **haría,** etc.
IMPERATIVE **haz**

ir (to go) PRES. PART. **yendo**

PRES. IND. **voy, vas, va, vamos, vais, van**
PRES. SUBJ. **vaya,** etc.
IMP. IND. **iba, ibas, iba, íbamos, ibais, iban**
PRETERITE **fui, fuiste, fué, fuimos, fuisteis, fueron**
IMP. SUBJ. **fuera,** etc.; **fuese,** etc.
IMPERATIVE **ve**

jugar (to play)

PRES. IND.	juego, juegas, juega, jugamos, jugáis, juegan
PRES. SUBJ.	juegue, juegues, juegue, juguemos, juguéis, jueguen
PRETERITE	jugué, jugaste, jugó, jugamos, jugasteis, jugaron

oír (to hear)   PRES. PART. oyendo   PAST PART. oído

PRES. IND.	oigo, oyes, oye, oímos, oís, oyen
PRES. SUBJ.	oiga, etc.
PRETERITE	oí, oíste, oyó, oímos, oísteis, oyeron
IMP. SUBJ.	oyera, etc.; oyese, etc.
FUTURE	oiré, etc. CONDITIONAL oiría, etc.

poder (to be able)   PRES. PART. pudiendo

PRES. IND.	puedo, puedes, puede, podemos, podéis, pueden
PRES. SUBJ.	pueda, puedas, pueda, podamos, podáis, puedan
PRETERITE	pude, pudiste, pudo, pudimos, pudisteis, pudieron
IMP. SUBJ.	pudiera, etc.; pudiese, etc.
FUTURE	podré, etc. CONDITIONAL podría, etc.

poner (to put)   PAST PART. puesto

PRES. IND.	pongo, pones, pone, ponemos, ponéis, ponen
PRES. SUBJ.	ponga, etc.
PRETERITE	puse, pusiste, puso, pusimos, pusisteis, pusieron
IMP. SUBJ.	pusiera, etc.; pusiese, etc.
FUTURE	pondré, etc. CONDITIONAL pondría, etc.
IMPERATIVE	pon

Like **poner** are conjugated its compounds: **componer, reponer,** etc.

querer (to love, wan

PRES. IND.	quiero, quieres, quiere, queremos, queréis, quieren
PRES. SUBJ.	quiera, quieras, quiera, queramos, queráis, quieran
PRETERITE	quise, quisiste, quiso, quisimos, quisisteis, quisieron
IMP. SUBJ.	quisiera, etc.; quisiese, etc.
FUTURE	querré, etc. CONDITIONAL querría, etc.

reírse (to laugh)   PRES. PART. riéndose   PAST PART. reído

PRES. IND.	me río, te ríes, se ríe, nos reímos, os reís, se ríen
PRES. SUBJ.	me ría, te rías, se ría, nos riamos, os riais, se rían

PRETERITE	me reí, te reíste, se rió, nos reímos, os reísteis, se rieron
IMP. SUBJ.	me riera, etc.; me riese, etc.
FUTURE	me reiré, etc. CONDITIONAL me reiría, etc.

saber (to know)

PRES. IND.	sé, sabes, sabe, sabemos, sabéis, saben
PRES. SUBJ.	sepa, etc.
PRETERITE	supe, supiste, supo, supimos, supisteis, supieron
IMP. SUBJ.	supiera, etc.; supiese, etc.
FUTURE	sabré, etc. CONDITIONAL sabría, etc.

salir (to go out, leave)

PRES. IND.	salgo, sales, sale, salimos, salís, salen
PRES. SUBJ.	salga, etc.
FUTURE	saldré, etc. CONDITIONAL saldría, etc.
IMPERATIVE	sal

ser (to be)

PRES. IND.	soy, eres, es, somos, sois, son
PRES. SUBJ.	sea, etc.
IMP. IND.	era, eras, era, éramos, erais, eran
PRETERITE	fuí, fuiste, fué, fuimos, fuisteis, fueron
IMP. SUBJ.	fuera, etc.; fuese, etc.
IMPERATIVE	sé

tener (to have)

PRES. IND.	tengo, tienes, tiene, tenemos, tenéis, tienen
PRES. SUBJ.	tenga, etc.
PRETERITE	tuve, tuviste, tuvo, tuvimos, tuvisteis, tuvieron
IMP. SUBJ.	tuviera, etc.; tuviese, etc.
FUTURE	tendré, etc. CONDITIONAL tendría, etc.
IMPERATIVE	ten

Like **tener** are conjugated its compounds: **contener, detener,** etc.

traer (to bring)   PRES. PART. trayendo   PAST PART. traído

PRES. IND.	traigo, traes, trae, traemos, traéis, traen
PRES. SUBJ.	traiga, etc.

| PRETERITE | traje, trajiste, trajo, trajimos, trajisteis, trajeron |
| IMP. SUBJ. | trajera, etc.; trajese, etc. |

valer (to be worth)

PRES. IND.	valgo, vales, vale, valemos, valéis, valen
PRES. SUBJ.	valga, etc.
FUTURE	valdré, etc.	CONDITIONAL	valdría, etc.

venir (to come)   PRES. PART. viniendo

PRES. IND.	vengo, vienes, viene, venimos, venís, vienen
PRES. SUBJ.	venga, etc.
PRETERITE	vine, viniste, vino, vinimos, vinisteis, vinieron
IMP. SUBJ.	viniera, etc.; viniese, etc.
FUTURE	vendré, etc.	CONDITIONAL	vendría, etc.
IMPERATIVE	ven

ver (to see)   PAST PART. visto

PRES. IND.	veo, ves, ve, vemos, veis, ven
PRES. SUBJ.	vea, etc.
IMP. IND.	veía, veías, veía, veíamos, veíais, veían
PRETERITE	vi, viste, vió, vimos, visteis, vieron
IMP. SUBJ.	viera, etc.; viese, etc.

124. Prepositions with Verbs

A. Here is a list of the most important verbs that require a preposition before an infinitive. All verbs of motion and verbs of beginning require the preposition **a.**

acabar de, to stop, to have just
acabar por, to end by
acordarse de, to remember to
acostumbrarse a, to get used to
alegrarse de, to be glad to
aprender a, to learn to
apresurarse a, to hasten to
atreverse a, to dare to
ayudar a, to help to

bastar con, to be enough to
cansarse de, to tire of
cesar de, to stop, cease
consentir en, to consent to
contar con, to count on
convenir en, to agree to
convidar a, to invite to
deber de, must (supposition)
dejar de, to stop, fail to

no dejar de, to be sure to
empeñarse en, to insist on
encargarse de, to take charge of
enseñar a, to teach to
gozar de, to enjoy
insistir en, to insist on
invitar a, to invite to
llegar a, to come to, succeed in
negarse a, to refuse to

obligar a, to oblige to
olvidarse de, to forget to
oponerse a, to be opposed to
quedar en, to agree to
soñar con, to dream of
tardar en, to delay in, take a long
   time to
tratar de, to try to
tratarse de, to be a question of

B. The following verbs take a direct object in Spanish, though the English equivalents require a preposition:

aguardar, to wait for
aprovechar, to take advantage of
buscar, to look for
escuchar, to listen to

esperar, to wait for
mirar, to look at
pagar, to pay for
pedir, to ask for

C. The following verbs take a preposition before a noun or pronoun object in Spanish, though no preposition is used with their English equivalents:

abusar de, to abuse
acercarse a, to approach
acordarse de, to remember
asistir a, to attend
carecer de, to lack
cambiar de, to change
cumplir con, to fulfill
dar a, to face
disfrutar de, to enjoy
encontrarse con, to encounter

entrar en, to enter
fiarse de, to trust
fijarse en, to notice
gozar de, to enjoy
jugar a, to play (games)
mudar(se) de, to change
olvidarse de, to forget
parecerse a, to resemble
reparar en, to notice
salir de, to leave

125. Cardinal Numbers

0 cero	6 seis	12 doce
1 uno,-a	7 siete	13 trece
2 dos	8 ocho	14 catorce
3 tres	9 nueve	15 quince
4 cuatro	10 diez	16 diez y seis
5 cinco	11 once	17 diez y siete

18 diez y ocho	70 setenta	600 seiscientos,-as
19 diez y nueve	80 ochenta	700 setecientos,-as
20 veinte	90 noventa	800 ochocientos,-as
21 veinte y uno,-a	100 ciento	900 novecientos,-as
22 veinte y dos	101 ciento uno,-a	1000 mil
30 treinta	200 doscientos,-as	1100 mil ciento
40 cuarenta	300 trescientos,-as	2000 dos mil
50 cincuenta	400 cuatrocientos,-as	1,000,000 un millón
60 sesenta	500 quinientos,-as	2,000,000 dos millones

Numbers from 16 to 29 are often written as one word: dieciséis, diecisiete, etc., veintiún, veintiuno, veintidós, veintitrés, etc.

126. Names of the Months

enero	January	mayo	May	septiembre	September
febrero	February	junio	June	octubre	October
marzo	March	julio	July	noviembre	November
abril	April	agosto	August	diciembre	December

127. Days of the Week

lunes	Monday	miércoles	Wednesday	sábado	Saturday
martes	Tuesday	jueves	Thursday	domingo	Sunday
		viernes	Friday		

128. The Spanish-Speaking World

REGION	INHABITANT	CAPITAL	CURRENCY	POPULATION
La Argentina	argentino	Buenos Aires	peso	13,906,694
Bolivia	boliviano	La Paz	boliviano	3,533,900
Colombia	colombiano	Bogotá	peso	9,620,800
Costa Rica	costarricense	San José	colón	725,149
Cuba	cubano	La Habana	peso	4,778,583
Chile	chileno	Santiago	peso	5,237,432
El Ecuador	ecuatoriano	Quito	sucre	3,171,376
España	español	Madrid	peseta	26,491,166
Guatemala	guatemalteco	Guatemala	quetzal	3,450,732
Honduras	hondureño	Tegucigalpa	lempira	1,201,310
Islas Filipinas	filipino	Manila	dólar	16,771,900
México	mexicano	México, D. F.	peso	21,153,321
New Mexico	hispano	Santa Fe	dólar	531,818

APPENDIX (161

REGION	INHABITANT	CAPITAL	CURRENCY	POPULATION
Nicaragua	nicaragüense	Managua	córdoba	1,030,700
Panamá	panameño	Panamá	balboa	631,637
El Paraguay	paraguayo	Asunción	peso	1,040,420
El Perú	peruano	Lima	sol	7,395,687
Puerto Rico	puertorriqueño	San Juan	dólar	2,037,255
La República Dominicana	dominicano	Ciudad Trujillo	peso	1,969,773
El Salvador	salvadoreño	San Salvador	colón	1,880,000
El Uruguay	uruguayo	Montevideo	peso	2,185,626
Venezuela	venezolano	Caracas	bolívar	4,005,000

Vocabularies

The Spanish-English vocabulary contains the words in the Spanish texts and exercises, except (1) easily recognizable cognates; (2) a few very common words (**a, casa, de, en,** etc.); (3) the articles and personal pronouns; (4) the demonstrative and possessive adjectives and pronouns. The English-Spanish vocabulary contains all words used in the English exercises. Genders are indicated for all nouns in the English-Spanish vocabulary, and in the Spanish-English vocabulary, for all except names of male and female beings, masculine nouns in **-o**, and feminine nouns in **-a, -dad, -ión, -tad,** and **-tud.** Idioms are listed in the following order of preference: (1) the noun; (2) the verb; (3) the first significant word. A dash indicates a repetition of the key word. Numbers in parentheses are references to sections of the text.

SPANISH-ENGLISH

A

abajo down, below
abierto open
abogado lawyer
abrir to open
abuelo grandfather
aburrir to bore
acá here, hither
acabar to end; — **con** to put an end to; — **de** to have just
acaso: por — perhaps
acento tone
acercarse (a) to approach
acordarse (de) (ue) to remember
actualmente at present
adelante ahead, forward; **en** — from now on; **más** — farther on

además (de) besides
adiós good-by; **adiosito** so long
adonde, a dónde (to) where
aéreo *adj.* air
afeites *m. pl.* make-up
aficionado a fond of
agente de tránsito traffic cop
agradable pleasant
agradecer to be grateful for
agua water
ahí there (*near you*)
ahora now; **ahorita** right away
al (ver) on (seeing)
alabanza praise
alegrarse (de) to be glad (of), rejoice (at)
alegría joy
algo something; somewhat
algodón *m.* cotton

alguien somebody
alguno some (one)
aliar to ally
almirante admiral
almorzar (ue) to have lunch
almuerzo lunch
alto tall, high; **lo —** the top
allá there; **más —** (**de**) beyond
allí there
amigo,-a friend; **— de** fond of; **muy —
  de** a very good friend of
amiguito pal
amistad friendship
amor *m.* love
amparo protection
Ana Anne; **Anita** Annie, Annette
ancho wide, broad
andar to walk, go
anoche last night
anterior previous
antes (de) before, earlier; **— que** before
antiguo former
añadir to add
año year
apellido family name
apenas hardly, as soon as
apoyar to support
aprender to learn
apresurarse to hasten
arriba up; **para —** upwards
así thus, like this (that); that's the way;
  — es that's right; **— es que** and so
asistir a to attend
asombro amazement
asustar to scare
atrasado backward
atravesar (ie) to cross
aunque although
auxilio aid
ayer yesterday
ayudar to help, aid
azúcar *m.* sugar
azul blue

B

bajar to go (come) down
barbaridad barbarity, "boner"

bastante enough, quite
béisbol *m.* baseball
belleza beauty
beso kiss
bestia beast
biblioteca library
bien *m.* good; *adv.* well
blanco white
boca mouth
bonito pretty
botella bottle
botica drugstore
broma joke, jest; **sin —** no joking
brusco abrupt
bruto *adj.* dumb, stupid
bueno good; well, O.K.
burlón mocking
busca search
buscar to look for; look up; call for

C

caballero gentleman
caballo horse; **a —** on horseback
caber to fit, be contained in
cabeza head
cabo end
cacao cocoa
cada each
caer(se) to fall
caja box
caliente hot
calor *m.* heat; **tener, hacer —** to be hot
calle *f.* street
camarero waiter
cambio change
campaña campaign
campeonato championship
campo field; country
cancha court; course
cansado tired
cantar to sing
capitán captain
cara face; expression
caramba gosh
cariño affection
Carlos Charles; **Carlitos** Charlie
carrera race

carta letter
casarse (con) to marry
casi almost
causa cause; a — de because of
cazar to hunt
celos jealousy; dar — to make jealous
centavo cent
cerrar (ie) to close
Cervantes, *Miguel de, 1547–1616; Spain's greatest writer, author of* Don Quixote
cien, ciento (a) hundred
científico,-a scientist
cierto (a) certain
cigarrillo cigarette
cine *m.* movies
ciudad city
claro (que) of course; clarito naturally
clase *f.* class; kind
clima *m.* climate
coche *m.* car
coger to catch
colegio school
Colón Columbus
comida dinner, meal, food
cómo how ¡— no! of course! ¿— es X? what is X like?
como as, like
compañero,-a companion, mate
comprar to buy
comprender to understand
con with; — tal que provided that
conducir to lead
conferencia lecture
conocer to know; meet
conocido familiar
conque and so
conquistador conqueror, explorer
conquistar to conquer
construir to build
consuelo comfort, consolation
contar (ue) to tell
contento glad
contestar (a) to answer
contra against
contrario contrary, opposite; al — on the contrary
convocar to summon

correo mail; casa de —s post office
correr to run
corrida (de toros) bullfight
corto short
costa coast
costar (ue) to cost
costumbre: de — (as) usual
crear to create
creer(se) to believe, think
criollo (*S.A.*) native American
cuadro picture
cuál which (one)
cualquiera any (one)
cuanto all that, as much as; — más . . . más the more . . . the more; en — a as for, with regard to
cuánto how much
cubrir (de) to cover (with)
cuerpo body
cuidado care
curso course; seguir un — to take a course
cuyo whose

CH

chaqueta coat
chico,-a small; boy, girl
chileno Chilean
chiquito,-a kid, youngster

D

deber to owe; "must, ought to"
decir to say, tell; digo I mean
dedicar to devote
dejar to leave
delgado thin
demás rest (of it, of the)
demasiado too, too much
deporte *m.* sport
derrota defeat
derrotar to defeat
desconocido unknown
descubrir to discover
desde (que) since; from
desengaño disappointment
desgracia misfortune; por — (mía) unfortunately (for me)

despertar (ie) to waken, rouse
después (de) after
destruir to destroy
dinero money
dirigir to direct
dispensar to excuse
distinto different
divertir (ie) to amuse; —se to have a good time
doce twelve
docena dozen
dólar m. dollar
dolor m. pain, sorrow
domingo Sunday
dorado golden
dormir (ue) to sleep
duda doubt
dudar to doubt
dulce adj. sweet; n. candy
durante during
durar to last
duro hard, tough

E

e and (119)
ecuatoriano Ecuadorian
echar to throw (out)
edad age
ejemplo example
ejército army
emocionante moving
emperador emperor
empezar (ie) to begin
enamorarse de to fall in love with
encantar to delight, fascinate
encontrar (ue) to find; —se to be
enfático emphatic
enfermo ill
enseñar to teach; show
entender (ie) to understand
entonces then
entre between, among; — . . . y . . . half . . . , half . . .
entretanto meanwhile
enviar to send
equipo team

equivocarse to make a mistake, be wrong
escribir to write
escuchar to listen (to)
esfuerzo effort
eso that; por — that's why, for that reason
espada sword
espalda shoulder; ancho de —s broad-shouldered
esperar to hope; wait for; expect
esposo,-a husband; wife
esquina corner
establecer to establish
establecimiento establishment
estación season
estado state; los Estados Unidos the United States
este m. east
éste,-a this one; the latter
esto this; — de this business of
estudiante student
estudiar to study
estudio study
éxito success; tener — to succeed
explicación explanation
explicar to explain
extrañar to surprise

F

fácil easy
falta lack
faltar to lack, be lacking
farmacia drugstore
favor m. favor; — de please; es — que me hace you flatter me
felicitación congratulation
feliz happy
feo ugly
figurar to appear; —se to imagine
fijeza: mirar con — to stare (at)
fin m. end; —es de the end of; por — at last
física physics
flaco skinny

fósforo match
fracaso failure
francés French
frase *f.* phrase; sentence
fresco fresh, cool
frío cold
fuerte strong
fuerza force, strength
fusilar to shoot
fútbol *m.* football
futbolista *adj.* football; *n.* football player

G

gana: tener —s de to feel like, be anxious to
ganar(se) to earn; win
gaseosa soda drink
gente *f.* people
gigante *m.* giant
gobernar (ie) to govern
gobierno government
grado degree
grandeza greatness
gritar to shout
grito shout
grupo group
guerra war; **declararse en —** to declare war
gustar to please; **me gustaría** I would like to
gusto pleasure; **con mucho —** gladly; **tanto —** delighted to meet you

H

haber to have; **— que** to be necessary to
hablador,-a talkative
hacer to do, make; **hace (un año)** (a year) ago, for (a year); **—se** to become
hacia toward; about
hambre *f.* hunger; **tener —** to be hungry
hasta until, up to; even; **— que** until
hay there is (are); **— que** one must
hecho fact
helado(s) ice-cream
hermano,-a brother, sister

hijo,-a son, daughter; **—s** children; **hijito** sonny
hispanoamericano Spanish American
historia history; story
hola hello
hombre man; **— de estado** statesman
huir to flee
húmedo humid, damp

I

iglesia church
igual equal; the same; **igualito** just the same
impedir (i) to prevent
imperio empire
importar to matter
inglés English, Englishman
inmaculado immaculate
intimidad intimacy
invariable constant, faithful
irlandés Irish, Irishman
irrevocable unchangeable

J

jefe chief, leader
joven young (man, woman)
Juan John; **Juanito** Johnny, Jack
jugar (ue) to play
juicio judgment; mind
juntarse to join, unite
junto together
juventud youth

K

kilómetro kilometer ($\frac{5}{8}$ *of a mile*)

L

lado side; **al — de** beside
lana wool
lápiz *m.* pencil
largo long
lástima pity
lavar(se) to wash
lección lesson
leche *f.* milk
lejos far (away)
lengua language

letanía litany (*series of prayers*)
levantarse to get up
ley *f.* law
leyenda legend
libertador *m.* liberator
libertar to liberate
librar to free; —se de to get rid of
libre free, vacant
lindo lovely
línea line
loco crazy, mad
lograr to achieve, succeed in
luchar to struggle
luego then, later; hasta — so long
lugar *m.* place
lujoso luxurious
lumbre *f.* fire
luna moon
lunes *m.* Monday
luz *f.* light

LL

llamar to call; knock; —se to be called
llegada arrival
llegar (a) to arrive (at); — a (ser) to get
to (be)
lleno full
llevar to carry, bear; wear

M

madera wood
mal badly, bad; de — en peor from bad
to worse
maldecir to curse
mandar to send; order; mande pardon
me?
mañana morning; *adv.* tomorrow
mar sea; la — de (cosas) the great number of (things)
marina navy
marinero sailor
martes *m.* Tuesday
matar to kill
mayor greater, greatest; older, oldest
mayoría majority
mediados: a — de in the middle of
medio middle; half

mejor better, best; — dicho rather
menos less, least; except; a lo — at least;
— mal that's better
merced *f.* mercy
merecer to deserve
mes *m.* month
mesa table
metro meter; yard
miedo fear; tener — de to be afraid of,
to
miembro member
mientras (que) while; — tanto meanwhile
Miguel Michael; **Miguelito** Mike
mil (a, one) thousand
militar military; *n.* soldier
milla mile
mirar to look (at)
mismo same; mismito very same
mitad *f.* half
modo way; de ningún — not at all
molestar to annoy
molesto annoying
montaña mountain
morir (ue) to die
mostrar (ue) to show
motocicleta motorcycle
mucho much; lo — que all that; por —
que no matter how much
muerte *f.* death
mujer woman; wife
mundo world; todo el — everyone
muñeca doll
muy very; too

N

nada nothing; *adv.* not at all; — más
(que) only, that's all; **nadita** nothing
at all
nadie nobody
naipe *m.* (playing) card
natación swimming
nave *f.* boat
negar (ie) to deny; —se a to refuse to
negro black; evil; negro
nevar (ie) to snow
ni nor; neither

nieve *f.* snow
ninguno none, not one, no
niño,-a child
noche *f.* night; esta — tonight
nombre *m.* (first) name
norte *m.* north
noticia(s) news
nuevo new; de — again
nunca never; ever

O

ocupado busy
oeste *m.* west
oír to hear, listen; — hablar de to hear of
ojalá (que) would that, I hope that
ojo eye
olvidar(se de) to forget
orador orator
oro gold
otoño autumn

P

pagar to pay (for)
país *m.* country
palabra word
panadero baker
papa *m.* pope
papel *m.* paper; — de escribir stationery
para for, to, in order to; — con toward; — qué why
pararse to stop
parecer to seem, look; ¿le parece? O.K.? —se (a) to look like, resemble
pared *f.* wall
pariente relative
parte *f.* part; la mayor — majority, most
partido game; party
pasado past; last
pasar to pass; spend; happen
pasearse to go walking, riding
paseo walk, ride; dar un — to take a walk, ride
paso step; — a pasito step by step, slowly
patio courtyard

patria (native) country
pedir (i) to ask (for)
película film, movie
pelo hair
pensar (ie) to think; — en to think of
peor worse, worst
Pepe Joe
pequeño small
perder (ie) to lose, ruin, waste
perdón *m.* pardon
periódico newspaper
periodismo journalism
perplejo perplexed
pesar: a — de in spite of
petróleo oil
pie *m.* foot; de —s a cabeza from head to foot
piropo compliment; echar —s to pay compliments
plaza square
pluma pen; —fuente fountain pen
pobre poor (man, woman); pobrecito poor fellow
pobreza poverty
poco little
poder to be able; puede que maybe; *n.* power
poderoso powerful
polvo dust; hay — it's dusty
poner to put, show; —se to become, put on
poquito little bit
por for, through, by, around; — mucho (más) que however much; — qué why
preciso necessary
pregunta question
preguntar to ask
preguntón,-ona inquisitive
premio prize
presentar to introduce, present
prestar to lend
primo,-a cousin
principiar to begin
principio: al — at first
prisa haste; de — hastily; tener — to be in a hurry
probeta test tube
prohibir to forbid

pronto soon; **lo más —** **posible** as soon as possible; **prontito** right away
propio own
proponer to propose
propósito purpose; **a —** by the way
provecho profit, benefit
próximo next
pueblo town; people
puerta door
pues then; well
puesto place; seat
punto: en — sharp

Q

qué what (a); **— tal** how
quedar to be left; **—se** to remain; stand
quejarse to complain
quemar to burn
querer to want; like, love; **— decir** to mean
querido dear
química chemistry
quince fifteen
quitar (a) to remove, take away (from)

R

rato *n.* while
razón *f.* reason; **tener —** to be right
recibir to receive
recuerdo memory; **muchos —s** best regards
refresco refreshment
regla rule; **por — general** as a rule
reino kingdom
reírse (i) to laugh
remedio: sin — hopeless(ly)
reñirse (i) to quarrel
repaso review
repente: de — suddenly
respirar to breathe; **— fuerte** to pant
resuelto determined
resultar to turn out, happen
reunirse to gather, meet
revista magazine
rey king
rico rich

riña quarrel
rivalidad rivalry
rodeado (de) surrounded (by)
rogar (ue) to beg
rojo red
rubio blond

S

sabroso delicious
sacar to take out; derive
sala room
salir to go (come) out, leave; turn out
salón *m.* living-room, common room
salud *f.* health
saludar to greet
sangre *f.* blood
sano healthy, sound
santo saint; holy, blessed
seguida: en — at once
seguir (i) to follow, go on; be
según according to
segundo second
seguro sure
semana week
sentarse (ie) to sit down
sentir (ie) to feel; regret
seña sign
serio serious; **en —** seriously
servir (i) to serve
sesenta sixty
setenta seventy
si, if; but, why
siempre always; **como —** as usual; **— que** whenever
siglo century
significado meaning
siguiente following
silla chair
simpático pleasant, likable
sino but, except
siquiera even
sobrar to be in excess, more than enough
sobre upon; about; **— todo** especially
sol *m.* sun; **haber, hacer —** to be sunny
soldado soldier
solo alone; single

solterona old maid
sombrero hat
sonar (ue) to sound
sonreír (i) to smile
sonriente smiling
sonrisa smile
sorpresa surprise
subir to go (come) up, climb
sud south
sueño sleep; dream; **tener —** to be sleepy
suerte *f.* luck; **tener —** to be lucky
suponer to suppose
sur south

T

tal such (a)
tampoco neither; either; **— yo** neither do, am I, *etc.*
tan as, so
tanto as much, so much
tardar en to delay in, take a long time to
tarde *f.* afternoon; *adv.* late
tarjeta card
taza cup
telefonista telephone operator
temer to fear
temeroso fearful
templado temperate
tener to have; **— que** to have to; **— que ver con** to have to do with
tenista tennis player
Tenorio *Don Juan Tenorio, the great lover of Spanish and world literature*
tercero third
tercio third
terminación ending
terminar to finish, end
tertulia party
tiempo time; weather; **cuánto — how long; ¿qué — hace?** how's the weather?
tierra earth, land
tío,-a uncle, aunt
todavía still, yet
tomar to take; eat, drink

torero bullfighter
toro bull
trabajar work
traducción translation
traducir to translate
traje *m.* suit
tránsito traffic
tranvía *m.* streetcar
trastornar to upset
tratar de to try to
tregua truce
treinta thirty
tren *m.* train
triunfante triumphant
triunfo triumph
tuteo *use of* **tú** (*instead of* **usted**)

U

último last
unir to unite
unos some, a few; about
usar to use
útil useful

V

vacilar to hesitate
valer to be worth; **más vale** it's better
vano vain
varios several
vaso glass
vecino neighbor
veinte twenty
vencer to defeat
vender to sell
venezolano Venezuelan
ventana window
ver to see; **a —** let's see
verano summer
veras: de — really
verdadero true
vergüenza shame; **tener —** to be ashamed
vestido dress
vestir (i) (de) to dress (in)

vez *f.* time; **alguna —** ever; **en — de** instead of; **otra —** again
viajar to travel
vida life; **— mía** darling
viento wind; **hacer —** to be windy
vista sight, view
viuda widow
vivir to live; **viva, vivan** hurray for
voluntad will, wishes
volver (ue) to turn; return; **— a (ha-** **blar)** to (speak) again; **—se** to turn around; become
voz *f.* voice

Y

ya already, now, by now, soon; **— no** no longer, not any more; **— que** since
yanqui North American, from the United States

ENGLISH-SPANISH

A

a, an un, una; el, la (22A6)
able: to be — poder
about (*of*) de, sobre; (*approximately*) como (a), *etc.* (32); **to be — to** estar para
accident el accidente
admit confesar (ie)
advantage la ventaja
afraid: to be — (of, to) temer, tener miedo (de)
after *adv.* después; *prep.* después de; *conj.* después que; **— six,** *etc.* las seis y pico
afternoon la tarde
against contra
ago hace; **(two days) —** hace (dos días)
all todo, todos; **— right** bueno
almost casi, por poco (95)
alone solo
already ya
also también
although aunque
altitude la altitud
always siempre
A.M. de la mañana
America América; **South —** Sud América
American norteamericano, yanqui; **South —** sudamericano; **Spanish —** hispanoamericano
amusement la diversión
and y, e (119)

angry bravo
another otro
answer contestar (a)
any *see* 40D, 115C, E
anybody, anyone alguien, nadie, cualquiera (115E)
anything algo, nada, cualquier cosa (115E)
anywhere *see* 118
army el ejército
around por
arrive (at, in) llegar (a)
as como, mientras, al (102A); **— . . . —** tan . . . como
ask (*inquire*) preguntar; (*request, ask for*) pedir (i)
at a, en
attend asistir a
attractive simpático
autumn el otoño

B

baseball el béisbol
be ser, estar (14); **— able** poder; **— down** bajar; **— to** haber de
beautiful hermoso
because porque
become ponerse, hacerse, *etc.* (49); **— of** ser de
bed la cama; **to go to —** acostarse (ue)
before *adv.* antes; *prep.* (*time*) antes de; (*place*) delante de; *conj.* antes que

beg rogar (ue); **I — your pardon** perdón, mande, *etc.* (79)
believe creer
belong to ser de, pertenecer a; **they — to (me)** son (míos)
beside al lado de
besides además (de)
best, better mejor
between entre
big grande
black negro; (*coffee*) solo
blond rubio
blue azul
book el libro
boring aburrido
both (of the) ambos, los dos
boy el muchacho, el niño
Brazil el Brasil
break romper
bring traer
broad-shouldered ancho de espaldas
brother el hermano
bullfight la corrida (de toros)
busy ocupado
but pero, sino (que) (119)
buy (from) comprar (a)
by por, para (87); de (104)

C

café el café
can puedo, *etc.;* sé, *etc.* (112)
candy el dulce, los dulces
captain el capitán
capture capturar
car el coche
catch coger
cent el centavo
centigrade centígrado
century el siglo
certain cierto; a — cierto
chair la silla
Charles Carlos; **Charlie** Carlitos
chemistry la química
child el niño, la niña; **children** los niños, los hijos
Chilean chileno
church la iglesia

cigar el cigarro
cigarette el cigarrillo
city la ciudad
class la clase
clear claro
climate el clima
close cerrar (ie)
coast la costa
coat (*suit*) el saco; (*overcoat*) el abrigo
coffee el café
cold frío, el frío; **to be —** tener, hacer frío (18, 57)
college la universidad
colony la colonia
Columbus Colón
come venir; **— back** volver; **— in** entrar (en)
communication la comunicación
complete completo
congress el congreso
constant constante
constitution la constitución
cool fresco; **it's —** hace fresco
correct correcto, bien
cosmetics los afeites
could podía, pude (2D), podría, *etc.;* sabía, *etc.* (112)
country (*nation*) el país
course el curso, la asignatura; **of —** claro (que)
courtyard el patio
cousin el primo, la prima
cover (with) cubrir (de)
crazy loco; **I'm — about them** me encantan
cry llorar
Cuban cubano
cup la taza

D

dark oscuro; (*brunette*) moreno,-a
daughter la hija
day el día
deal: a great — (of) mucho
dear querido
death la muerte
degree el grado

delay (in) tardar (en)
delight encantar; —ed to meet you tanto gusto; I am —ed (to do it) me encanta, tengo mucho gusto en (hacerlo)
democracy la democracia
democratic democrático
depend (on) depender (de)
desk la mesa
dictator el dictador
die morir (ue)
difference: it makes no — no importa; it makes no — how, what, etc. por mucho que
different distinto
difficult difícil
dinner la comida; to have — comer
discover descubrir
distance la distancia
divide dividir
do hacer
doctor el médico; (title) el doctor
dollar (U.S.A.) el dólar; (S.A.) el peso
door la puerta
doubt la duda; dudar
down: be —, come —, go — bajar
dozen la docena
dress el vestido; vestir(se) (i)
drink la bebida, el refresco; beber
drugstore la farmacia

E

each cada; — other se, nos (103B)
early temprano
earn ganar
east el este
easy fácil
eat comer
eight ocho
either . . . or o . . . o; not — tampoco, ni uno ni otro (115H)
eleven once
Elizabeth Isabel
emperor el emperador
English inglés
enormous enorme

enough bastante
enter entrar (en)
especially sobre todo
Europe Europa
even siquiera, hasta
evening la noche
ever jamás, alguna vez; nunca (98D)
every cada, todo (7); —body, —one todos, todo el mundo; — other (day) cada dos (días); —where por todas partes
exam, examination el examen
excellent excelente
except menos, sino
excuse see 79
expect esperar
explain explicar
extend extender(se)
extremely see 99
eye el ojo

F

face la cara
fail see 114
failure el fracaso (114)
fall el otoño; caerse
fair justo
famous famoso
father el padre, el papá
fattening: to be — engordar
favorite predilecto
fear temer
feel sentir (ie); — like tener ganas de
fellow el tipo, el hombre
few pocos,-as
fifteen quince
fifty cincuenta
finally al fin
find hallar; — out saber, descubrir
finish terminar
first primer, primero; at — al principio
fit caber
five cinco
flee huir
floor el suelo
flower la flor
flunk salir mal en

follow seguir (i)
fond: I'm — of X me encanta X, me gusta mucho X, soy aficionado a X
food la comida
football el fútbol
for *prep.* para, por; *conj.* que, porque (87)
foreign extranjero
forget olvidar(se de)
forgive perdonar
former antiguo
forty cuarenta
four cuatro
fourth cuarto
France Francia
free libre
French francés
Friday el viernes
friend el amigo, la amiga
from de
front: in — (of) delante (de)
full lleno

G

game el partido
gather reunirse
get recibir, buscar, *etc.* (48); **— back** volver; **— out** salir; **— up** levantarse
girl la muchacha; **— friend** la amiga
give dar
glad: to be — (of, to) alegrarse de
glass el vaso
go (to) ir (a); **— in** entrar (en); **— on** seguir; **— out** salir; **— to bed** acostarse; **— to sleep** dormirse
golf el golf
good bueno
govern gobernar (ie)
government el gobierno
grade la nota; **to get a —** sacar una nota
gradually poco a poco; **he's — (learning)** va (aprendiendo)
great gran, grande; **a — deal (of)** mucho; **greater, greatest** mayor
group el grupo
guess *see* 28A

H

hair el pelo
half medio, la mitad (86); **— past (two)** las (dos) y media
hand la mano
handsome hermoso
happen pasar
happy contento
hard difícil; **—working** trabajador; **to study, work —** estudiar, trabajar mucho
hat el sombrero
Havana la Habana
have tener, haber (66); hacer, mandar (45D); tomar (80); **— to** tener que
he él
hear oír
help ayudar (a)
her la, ella (38); *poss.* su, sus; **—self se,** sí (38), ella misma (107)
here aquí, acá (78)
hero el héroe
high alto
him lo, le; él (38); **—self se,** sí (38), él mismo (107)
his su, sus
history la historia
home la casa, a casa (4); **at —** en casa
hope la esperanza, esperar; **I do hope** ojalá
hot: to be — tener, hacer calor (18, 57)
hour la hora
house la casa
how cómo, qué (77D); lo . . . que (15D); **— long** cuánto tiempo
however sin embargo; **— much** por mucho que
hundred cien, ciento (55B)
hungry: to be — tener hambre
hurry: to be in a (great) — to tener (mucha) prisa para
husband el esposo

I

I yo
ice-cream los helados

ideal el ideal
if si
ill enfermo
important importante
in en
independence la independencia
inhabitant el, la habitante
inside dentro de
instead of en vez de
intelligent inteligente
interest el interés; interesar
interesting interesante
introduce presentar
invasion la invasión
invite invitar (a)
it lo, la, él, ella, ello (38, 83B); —self se, sí (38)

J

January enero
Joe Pepe
John Juan
joy la alegría
June junio
just see 58

K

keep (continue) seguir (i); (save) guardar, conservar
kidding: no — sin broma
kiss el beso
know (112); saber, conocer; — how to saber

L

laboratory el laboratorio
lack carecer de, faltar; I — (money) carezco de (dinero), me falta (dinero)
land la tierra
language la lengua
large grande
last pasado, último (22A5); at — al fin
late tarde
latter: the — éste, etc.

laugh (at) reírse (i) (de)
lead conducir
leader el jefe
learn aprender (a); (news) saber
learned adj. sabio
least menos; at — a lo menos
leave salir (de), dejar, quedar (41)
lecture la conferencia
left izquierdo; I have (two) — me quedan (dos)
less menos
lesson la lección
let dejar; — (him speak) que (hable); let's (eat) vamos a (comer)
letter la carta
library la biblioteca
life la vida
like como; gustar; I — them me gustan (23); what is X — ? ¿cómo es X?; — this, that así
line la línea
listen (to) escuchar
literary literario
literature la literatura
little (size) pequeño; (amount) poco; a — after (two) a las (dos) y pico; — by — poco a poco
live vivir
living-room la sala
long largo; a — time mucho tiempo; as — as (if) con tal que; (since) ya que; how — cuánto tiempo; so — tanto tiempo, ¡hasta luego!; no longer ya no
look mirar, parecer; — at mirar; — for, up buscar; — like parecer, parecerse a (24); — out! ¡cuidado!; — up buscar; — well on caer bien a
Lord Señor; Good — Dios mío
lose perder (ie)
lot: a — (of) mucho, muchos
love el amor, querer; to be in — with estar enamorado de
lovely lindo
lucky: to be — tener suerte
lunch el almuerzo; to have — almorzar (ue)

M

magazine la revista
make hacer
man el hombre
manage: **I managed to,** etc. pude, etc.
many muchos; **as — as** tantos como; **so
— tantos**
Mary María
matter: **no — how (much)** por mucho
que; **what's the —?** ¿qué hay?; **what's
the — with X?** ¿qué tiene X?
Maximilian Maximiliano
may puedo etc., puede que (91, 112A)
maybe puede ser, quizá
me me, mí (38)
meal la comida
mean querer decir
meanwhile mientras tanto
medicine la medicina
meet encontrar (ue); reunirse; conocer
(112)
mention: **don't — it** de nada, no hay
de qué
Mexican mexicano
Mexico México
Michael Miguel
midnight la medianoche
Mike Miguelito
military militar
million el millón (de)
mind el juicio
minute el minuto (30)
miss echar de menos, perder, etc. (42)
Miss la señorita
moment el momento
Monday el lunes
money el dinero
more más; **— and —** cada vez más; **no
—, not any —** ya no; **the — . . . the
— cuanto más . . . más**
morning la mañana
most más; la mayoría de (98D)
Mr. el Sr.
much mucho; **as — as** tanto como; **so —**
tanto; **too —** demasiado; **very — mu-**
cho, muchísimo
must deber (71); **one —** hay que

my mi, mis; **—self** me, mí (38), yo mismo (107)

N

name el nombre; **his — is X** se llama X
Napoleon Napoleón
national nacional
near cerca (de)
nearly casi, por poco (95)
need la necesidad; necesitar
neither tampoco, ni uno ni otro (115H);
— does, was she, etc. tampoco ella,
etc.
nervous nervioso
never nunca, jamás
new nuevo; **— York** Nueva York
news las noticias
next próximo, que viene; siguiente (22
A5)
nice simpático
night la noche
nine nueve
ninety noventa
nobody, no one nadie
none ninguno
nothing nada; cero (in scores)
notice notar
novel la novela
now ahora

O

occur ocurrir
o'clock see 30
October octubre
of de; menos (30)
often muchas veces; **how —** cuántas
veces
old viejo; **older, oldest** mayor
on en; **— (Monday)** el (lunes); **— (coming)** al (venir)
once una vez; **at —** (immediately) en seguida; (simultaneously) a la vez
one un, uno, una; se (105C); **the — el,**
la; **— another** se, nos (103B)
only sólo, no más que
open abrir(se)

or o, u (119)
orator el orador
order mandar; (in store, restaurant) pedir (i)
other otro
ought to debo, etc., debiera, etc.; — to have debí, etc.
our nuestro, nuestros; —selves nos, nosotros (38); nosotros mismos (107)
overcoat el abrigo
own propio; to — see 110B

P

page la página
Pan-American panamericano
paper el papel; (newspaper) el periódico
pardon perdonar, dispensar, etc. (79)
part la parte; the (best) — lo (mejor)
pass pasar; (exams) salir bien en
past pasado; see also 30
pay (for) pagar
pen la pluma
pencil el lápiz
people el pueblo, la gente, la persona, etc. (117)
perhaps tal vez
permission el permiso
Peru el Perú
pharmacy la farmacia
Philip Felipe
physics la física
picture el cuadro
pity la compasión; to have, take — on tener compasión de
place el lugar; poner
play (music) tocar; (sports) jugar (a) (ue)
please gustar; haga el favor de, etc. (5); —d to meet you tanto gusto
pleasure el gusto
P.M. de la tarde, de la noche
poor pobre
pope el papa
Portuguese portugués
postcard la tarjeta postal
post-office la casa de correos
pound la libra, el medio kilo

power el poder
prefer preferir (ie)
president el presidente
pretty bonito
probably see 28A
professor el profesor, la profesora
protect proteger
protest protestar
put poner; — on ponerse

Q

quantity la cantidad; a (the) great — la mar
quarter cuarto
question la pregunta; to ask a — hacer una pregunta
quite bastante

R

rain la lluvia; llover (ue)
raise levantar
rapid rápido
reach llegar a
read leer
reading la lectura
really de veras
reason la razón
receive recibir
reform la reforma
refuse negarse (a) (ie)
remember acordarse de (ue)
rest (of the) demás, etc. (115F)
return volver (ue)
revolution la revolución
right derecho, la razón, etc. (59); all — bueno; — here (now) aquí (ahora) mismo; to be — tener razón, ser correcto, etc.
room (private) el cuarto; (public) la sala

S

Saint San, Santo, Santa (55B)
sake: for the — of por

Saturday el sábado
save salvar
say decir
scarcely apenas
scare asustar
school el colegio
science la ciencia, las ciencias
scientist el científico, la científica
sea el mar
second segundo
see ver
seem parecer
sell vender
send mandar
servant el criado, la criada
serve servir (i)
seven siete
seventy setenta
several varios
sharp *adv.* en punto
she ella
shoot fusilar
short corto; **I'm — three** me faltan tres;
   shortly after (ten) a las (diez) y pico
should *see* 71
shout el grito
show mostrar (ue)
simple sencillo
since *(time)* desde (que); *(cause)* puesto
   que, ya que
single solo; **not a —** ni un
sister la hermana
sit (down) sentarse (ie); **to be sitting**
   estar sentado
six seis
sixty sesenta
sleep dormir (ue)
sleepy: to be — tener sueño
snow la nieve, nevar (ie)
so tan, lo, que sí, por eso, así, *etc.* (40D,
   100, 102B); **— am I,** *etc.* yo también,
   etc.; **— much** tanto; **— that** para que,
   de modo que (92C)
social social
soldier el soldado
some alguno(s), un poco (de), unos, lo,
   etc. (40D, 115C)
somebody, someone alguien

something algo
somewhat algo
somewhere en, a alguna parte; **— else**
   en, a otra parte
son el hijo
soon pronto; **as — as** en cuanto; **— after**
   a poco (de); **— after (six)** a las (seis)
   y pico
sorry: to be (very) — sentir (ie) (mucho)
south sud, sur
Spain España
Spaniard el español
Spanish español; **— American** hispanoamericano
speak hablar
spend *(time)* pasar; *(money)* gastar
sport el deporte
square la plaza
stamp el sello
start empezar (ie), ponerse (a); *(leave)*
   salir
state el estado; **the United —s** los Estados Unidos
stationery el papel de escribir
stay quedarse
steal (from) robar (a)
still todavía
stone la piedra
story la historia
strange extraño, raro
stranger el desconocido
straw la paja
street la calle
student el, la estudiante
study estudiar
succeed *see* 114
success el éxito (114)
such (a) tal, tan (102C)
suddenly de repente
sugar el azúcar
summon convocar
sun el sol; **the — is out, shining** hace,
   hay sol
suppose *(probability) see* 28A; *(obliga-*
   tion) deber, haber de; *(reputation)*
   tener fama de
sure seguro; **to be — (of)** estar seguro
   (de); **to be — to** no dejar de

surprise extrañar; **I'm —d at that** me
  extraña eso
swim nadar

T

table la mesa
take tomar, llevar, quitar (80); **— from**
  quitar a; **— off** quitarse; **— out** sacar
talk hablar
talkative hablador
tall alto
teach enseñar (a)
teacher el profesor, la profesora
team el equipo
telegram el telegrama
tell decir
temperate templado
temperature la temperatura
ten diez
tennis el tenis
tenth décimo
than que, de, *etc.* (98C)
thank you (very much), (many) thanks
  muchas gracias
that *dem. adj.* ese, aquel (75); *neut.*
  pron. eso; **— one** ése, aquél, *etc.* (76);
  is — so? ¿verdad? **those who** los que
that *rel. pron.* que
the el, la, los, las
their su, sus
them los, las; ellos, ellas (38); **—selves**
  se, sí (38), ellos mismos (107)
then entonces, luego, pues (8)
there allí, allá, ahí (78); **— is, are** hay,
  allí está(n); **— was, were** había, hubo
they ellos, ellas
thin delgado
thing la cosa; **the (best) —** lo (mejor)
think pensar (ie), creer, parecer (73);
  — of pensar en; **what do you — of X?**
  ¿qué le parece X?
thirsty: to be — tener sed
thirty treinta
this *adj.* este,-a; *pron.* esto; **— one**
  éste,-a
thousand mil, el millar (84)

three tres
through por
Thursday el jueves
ticket el billete
time hora, tiempo, vez (34); **a long —**
  mucho tiempo; **at —s** a veces; **from
  — to —** de vez en cuando; **to have a
  good —** divertirse (ie)
tired cansado
to a, para (31B)
today hoy
together junto
tonight esta noche
too (*also*) también; (*more than enough*)
  demasiado;**— much, many** demasia-
  do(s)
toward hacia
town el pueblo
tradition la tradición
train el tren
tree el árbol
true verdadero; **it's —** es verdad
try to tratar de
Tuesday el martes
turn volver (ue); **— out** resultar
twelve doce
twenty veinte
twice dos veces
two dos

U

ugly feo
uncle el tío
understand comprender
unfinished sin terminar
unite unir(se)
university la universidad
unless a menos que, si no (92A)
until *prep.* hasta; *conj.* hasta que
us nos, nosotros (38)
used to *see* 2
usually por regla general

V

Venezuelan venezolano
very muy; mucho (99)
vision la visión

visit la visita; visitar
volume el tomo

W

wait (for) esperar
waiter el camarero
walk el paseo; andar; to take a — dar un paseo
wall la pared
want querer
war la guerra
wash lavar(se)
waste perder (ie)
water el agua (f.)
way (113); by the — a propósito; the right — así; this — así, por aquí; which — cómo, por dónde
we nosotros,-as
wealth la riqueza
wear llevar
weather el tiempo; what's the — like? ¿qué tiempo hace?
Wednesday el miércoles
week la semana
weigh pesar
welcome: you're — de nada, no hay de qué
well bien; bueno, pues (8)
west el oeste
what qué, lo que, cuál (76D, 77C); — a qué
whatever lo que (91); por mucho que (92D)
when cuando, cuándo
whenever cuando; (each time) siempre que (92B)
where donde, dónde, adonde, a dónde (16)

which rel. que, el cual, etc. (111); interr. cuál; — one cuál
while n. el rato; conj. mientras (que)
who rel. que, quien, el cual (111); interr. quién
whole todo (7)
whose rel. cuyo; interr. de quién
why interr. por qué; exclam. pues
wife la esposa
win ganar
window la ventana
windy: to be — hacer viento
winter el invierno
wish querer; I — (you would come) quisiera (ojalá) que (Vd. viniera)
with con
without sin
woman la mujer; — scientist la cientista
wonder see 28A
wonderful magnífico
work el trabajo; trabajar
world el mundo
worse, worst peor; the — of it lo peor
worth: to be — valer
write escribir
wrong malo, incorrecto, etc. (59); to be — no tener razón, equivocarse

Y

year el año
yes sí
yesterday ayer
yet todavía
you see 38
young joven; — man, woman el, la joven; —er menor
your tu, su, vuestro; —self, —selves see 38, 107

Index

References are to Sections of the text. References from English and Spanish words to Sections of the text will also be found in the Vocabularies.